JN009223

岩田リョウコ

直訳やめたら

英語が一気にできるようになった私の話

大和書房

To Mark Murphy who I wish we had more time together

はじめまして！
岩田リョウコと申します。

学生時代からずっと
アメリカに住んで
いましたが、2017年、
長きアメリカ生活を
終わらせて日本に帰国。
今は日本で
執筆活動をしています。

よろしく
おねがいします！

これまでに書いた本は
すべて自分が好きなこと・
ハマったものについてです。
たとえば……。

COFFEE

CRAFT BEER

SAUNA

そして今回の本は「英語」。

わたしの人生で一番
はじめにハマったものです。
20年以上経った
今でもずっと
ハマり続けています。

でも
実は……

ENGLISH

英語なんか必要ないと思っていましたが、英語ができたら、

覚醒

英語

大事

住んでいる世界が大きく広がることを知りました。それからは……。

洋楽を聴いたり

ほう〜
そういう曲ね

映画を観たり

アメリカはこんなかぁ

英語のクラスも積極的に

ハイッ!!
わかります!

苦手だった英語が外国の人や文化を知る魔法のツールになることがわかってからは、どっぷり英語漬けの生活に。

英語楽しいじゃん!

さらには日本の大学卒業後からなんと通算12年もアメリカに住むことに。

わたしは日本生まれ、日本育ちなので英語の勉強と習得にはもちろん苦労しました。トライアンドエラーを繰り返しながら、少しずつ「コツ」をつかんでいきました。

そういうことかぁ〜

その中で一番よかったことは「直訳をやめたこと」。日本語から考えるクセが取れてからは英語を英語で考えられるようになって、一気に楽になりました。

長い英語学習とアメリカ生活の中で身につけたわたしのちょっとした「英語のコツ」を集約してみました。英語が大キライだったわたしが、

好き　NO直訳　リアル英語　メンタル　英語脳

どうやって苦手な英語を好きになれたのか、アメリカでの生活や暮らしてみて知ったことなどのエッセイと一緒にお届けしたいと思います。

とはいえ、わたしもまだまだ英語勉強中。英語はいかに楽しく、がんばらずに続けるかがポイントです。英語がわかれば、新しい世界が広がっていきます。きっと自分の中でなにかが変わるはず！

今、一緒にはじめよう！

LESSON 1

まずは直訳をやめてみる

LESSON 2

「好き」と「自信」を英語にくっつける

LESSON 3

学校で教えてくれなかった!? アメリカのリアル英語

LESSON 4
アメリカに住んでわかったこと

LESSON 5
アメリカで『ベストセラー』出しちゃった

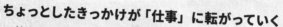

本書の英語は、アメリカで実用されている口語がメインで書かれています。教科書通りの英文法ではない場合もあります。アメリカ国内でも地域によって使い方は変わります。

LESSON **1**

まずは
直訳を
やめてみる

英語ができないわたしがなぜ
英語好きになったのか？

The power of interest
drives learning

英語ができなすぎて震えた日

アメリカの大学院を出て、アメリカの大学で教鞭をとり、アメリカで働いていたと言うと、わたしがすごく英語が得意な人のように聞こえるかもしれません。でも実際は、真逆。中学時代は英語がわからなすぎてテスト中に震えるほどでした。まったく英語が理解できていなかった、というのが正しい表現かもしれません。というのも、中学からいきなり外国語として現れてきた英語に対して「突然なんなの！」と思い続けていたからです。勉強する以前の問題で、その突然の登場が理解できなかったんです。

日本語と英語は文法がちがうことなど、もちろん理解できないまま、どんどんわたしを置いてけぼりにする英語の授業。あっという間に中学の2年間が終わっていました。例えば、「わたしは学校へ行きます」を英訳する場合、「I school go」とするほど。母が今もそ

I ? SCHOOL GO?

16

の答案を残していて、大人になってからそれを見て当時の自分を気の毒に思いました。かわいそうなくらい根本を理解していない！

カナダでのホームステイで人生が激変

中学3年生になると当てずっぽうも当たらなくなり、英語がまったくわかっていないことが親にバレて、一から親切に教えてくれる塾に放り込まれます。受験のために突貫工事で英語を数学の方程式のように覚えて、なんとかギリギリ間に合い、高校へ進学。言語としてまったく英語を習得していないわたしを見かねた母は「カナダの夏は涼しくて最高らしいよ」という誘い文句で、今度はカナダの短期ホームステイへ放りこむのですが、**このホームステイは17歳の女子高生だったわたしの大きな転機になりました。**

それまでは親や学校に決められ与えられていたことを渋々やっていました。このホームステイのあと、はじめてわたしはもっと知りたい・学びたいと強く思って、自ら行動するようになりました。

たった数日のホームステイだったけれど、出会ったばかりのカナダ人の家庭で、朝ごはんから夜寝るまでを一緒に過ごすのは、多感な17歳にとってずっとディズニーランドのアトラクションに乗り続けているような刺激的な日々。ホストファミリーの男の子はどこへ行くにもバスケットボールを持って行くほどバスケに夢中な子でした。わたし

の高校は日本一バスケが強い女子校だったので、バスケ話に花を咲かせ……られなかったんです！

「わたしの高校はバスケが日本一強いです」
これ、英語ですぐに言えますか？

　簡単そうなのにわたしは言えませんでした。中学校3年間プラス高校2年間。むずかしい英文読解をたくさんやって、関係代名詞やら仮定法やら毎日英語の授業でやってるのに、**こんな簡単なことが言えなかったんです。**

My high school basketball team won the national championship.

　訳そうとして、「強い」「一番」を考えてるから一気にむずかしくなってしまう。今ならわかるんです。当時は「う、う、う〜！　わからない、なんて訳せばいい？　言えない！」と諦めるしかなかったのです。
　結局ずっと「オーケー」と「センキュー」くらいしか言えなくて、あんなにもどかしい思いをしたのは、はじめてでした。

英語わからなすぎる

英語が話せないと、何ひとつ伝えることができないのか！（絶望）

「毎日英語」はやはり効く！

カナダから帰国後は、英語、外国文化、そして外国の人に急激に興味を持ったのですが、時は1997年。スマホもインターネットも、まだそれほど普及していない時代です。

　そんな環境で17歳のわたしが日本で外国に触れようとするのなら、まずは今は懐かし洋画のレンタルビデオ。レンタルショップに毎日のように自転車で通って、洋画を観まくりました。もちろん日本語字幕で観ているので、英語は何を言っているのかわからないけど、アメリカってこうなんだ！ アメリカの生活ってこんななんだ！ アメリカの高校生ってこんななんだ！と、今までどうでもよかったアメリカ文化に夢中になっていきました。

当時のわたしが観ていた映画5本！

『スピード』キアヌ・リーブスがめちゃくちゃかっこよかった！

『タイタニック』当時世界的に流行りまくってましたね！

『ショーシャンクの空に』スティーブン・キングが好きになったきっかけ。

『グッド・ウィル・ハンティング』アカデミー賞取りましたね！

『セブン』ブラピが出ているものはとりあえず全部チェックしてました。

今とちがってネット時代じゃなかったので、一度観て、好きになった俳優が出ている他の作品を見たり、誰かに勧められたものを観る、が映画選びの基本でした。

洋楽を聴いているうちに……

もうひとつは洋楽。母が洋楽好きだったこともあり、子どもの
ときからポリス、ケニー・ロギンス、チープ・トリック、ザ・
ビーチ・ボーイズなど洋楽のカセットやCDがたくさんあって、家で
はいつも母の洋楽が流れていました。

でも母の趣味ではなく、自分が好きな音楽を探し始めたのもこの
頃。MTVでアメリカの最新の音楽ランキングを観ては、レンタル
CDをして聴いていました。

小室ファミリー全盛期に女子高生だったので、友だちと行くカラオ
ケでは安室ちゃんを歌い、家ではひたすら洋楽を聴いている子でし
た。ハンソン、カーディガンズ、スパイス・ガールズ、バック・スト
リート・ボーイズのような、当時のいわゆるランキング上位のポップ
ミュージックから入り、だんだん自分の好みの音楽がわかってきて聴
くようになったのがノー・ダウト、ニルヴァーナ、グリーン・デイ、
そしてウィーザーでした（今でも90年代〜2000年代前半の洋楽は
最高だと思います！ そして母とは音楽の趣味が合わない！笑）。

洋楽はただ聴くだけではなくて、好きな曲は歌詞カードを見ながら
何度も何度も聴きました。歌詞を読んで曲の内容を理解して聴く。

歌詞の英語を理解しようとすると、学校で習ってきた文法が急に実
用性を帯びてきます。学校の勉強のように訳さなくていいので、知っ

ている英文法を使って歌詞の英語の意味をそのまま理解するように
なってきます。歌詞カードを目で追いながら、書いてある英語の通り
に歌が聞こえるまで聴くようになりました。「何言ってるかわかんな
いけどかっこいいな〜」だった洋楽を、何を歌っているのかわかるよ
うにしたいと思っていました。

　**洋楽を聴いて歌詞を調べたりしていると、高校3年生になった頃に
は学校の英語の授業の長文もむずかしくなく読めるようになり、リス
ニングもわかるところが増えてきました。** 知らずしらずのうちに、洋
楽でリーディングとリスニングを日々訓練していたのです。自発的な
興味のパワー、おそるべし、です。

　震えるほどできなかった英語でしたが、あれから20年経った今で
も毎日英語を楽しんでいます。今も変わらずミュージックビデオを見
ながらネットで歌詞も読むし、Apple Music
なんかは曲をかけるとカラオケみたいに歌
詞を流してくれます。映画を観ながら、
新しい単語や言い回しに出会ったら、
調べてメモしたりもします。

　好きなこと、夢中なことは、いくら
学んでも飽きないし疲れないものなん
だなと感じます。

最初に習うあいさつ、
鉄板のフレーズのはずが……

I'm fine, thank you.
And you?

残念ながら、それ
誰も使わないフレーズなんです……!?

H
ow are you?
I'm fine, thank you. And you?

英語の授業で毎日毎日呪文のように繰り返したこのフレーズ。昭和世代なら「How are you?」と聞かれたら反射的に「Fine thank you, and you?」と自然に出てくると思います。でも実際の会話の場で使うかというと……使わないんです。**ロボット感がすごい**です。

英語の授業で一番最初に習った言葉で、しかも毎日言ってたのに、まさか使い物にならないなんて、ひどい……。じゃあなんて言うか。いろいろな答え方があるんですが、わたしはどんな場合でも、とりあえずいつも、

I'M FINE, THANK YOU!

AND YOU?

22

Good! How are you?

って言います。そんなに短くていいの？と思うかもしれませんが、いいんです。「ファインセンキューアンドユー」からこちらに変換しましょう。あ、でも「How are you?」は普通に使います。他にも、

How are you doing?　お元気ですか?
How's it going?　調子はどう?

などちょっと変化球で聞かれるときもあります。でも答えは、

Good!

でパーフェクトです。

※ちなみに正しい英文法は「I'm well」ですが、アメリカ口語英語ではgoodを使います。

「いらっしゃいませ」は英語でなんて言う?

ちなみにアメリカではレストランでもコーヒー屋さんでもスーパーでも、最初にかけられる言葉は,

How are you today?
How are you doing this evening?

なんですが、これ、本当に元気かどうか聞いているわけじゃないんです。日本語の「いらっしゃいませ」くらいの感覚です。

　だから「はい、今日はちょっと頭が痛いんですけど、薬飲むほどではないです」なんてマジで答えると相手は引きます。ちょっとお腹が痛い日でも、奥さんとケンカして気分が乗ってない日でも、ただの声掛けみたいなものなので、

I'm good.

　と答えときゃいいってことです。「いらっしゃいませ〜」的なあいさつに、「はい、元気です。ありがとうございます。あなたはお元気ですか？」ってガッチガチに答えてたらなんかコワイですよね。さっきロボット感と言った「I'm fine, thank you. And you?」は、そんなイメージです。

ほかの答え方としても「I'm great」「I'm doing good」「Not bad」など軽く短い答えが主流です。

　友だちや同僚に「**How are you?**」と聞かれたら、

I'm good, but actually I'm pretty busy with work
and I'm stressed out.
元気元気！　あ、いや、でも結構仕事が忙しくてストレスあるわ。

　とか長く答えちゃっていいんですよ。そこから雑談が始まるような関係の場合は、ちゃんと返事しちゃって大丈夫です。

　とは言うものの、わたしも最初は「How are you doing? って聞かれてる〜、どうやって答えよう〜！」って毎回困ってました。

　英語に慣れてきた頃、コーヒーをオーダーするときに「How are you doing today?」って聞かれて、結構長くあれこれ今日のわたしについて話をしたら、「……そこまで聞いてないし、うしろに人いるんだけどな」みたいな雰囲気で苦笑いされたこともあります。それで、あ、そんなにマジで答える場面じゃないんだってだんだん気づき始めて、長くもなく、ロボット返しでもなく、差し障りもない「I'm good」に落ち着いたってわけです。

「I'm fine」のリアルな使い方

　で　も「I'm fine」だって短いし、good や great とそんなに変わらないじゃない？って思いますよね。fine はなんだかちょっと堅く、冷たく聞こえるんですよね。じゃあ、あんなに毎日言わされていた「I'm fine」は普段は使わないの？無駄だったの？って思うかもしれませんが、「I'm fine」、

実はよく使います。ただ、別の使い方なんです。例えば、

I'm fine with Mexican food tonight.
今日の夜ごはんは、メキシコ料理でいいよ。

I'm fine with ～で、「～でいいよ」「～で**大丈夫**」の意味なんですが、これはよく使います！　さらには動詞とつなげて、

I'm fine with going to a sauna now.
今、サウナ行ってもいいよ。

みたいな。あーなんて便利！「I'm fine」大活躍です。

　学校で習ったガチガチの文法英語は、会話を学び始めるとなんだか全然使えないじゃん、中学・高校の6年間ってなんだったのって感じたりしますが、**あなどるなかれ、基礎の文法はのちにすごく大切になってきます。**
　短い文章で言っていたことを、会話ができるようになってもう少し修飾をしたり、長い文章を作ったりするようになると、学校で習った文法の基礎を使って応用ができるようになります。大人は文法のルールを理解して話すことで、もっと深く広がりをもった会話を繰り広げられるようになるんじゃないかなと思っています。

1ヶ月のイギリス語学留学で知った"英語に必要なこと"

Travel can change your mind

バイトのお金で海外旅行

大学ではじめて話す英語を習い始めたとき、それまで映画も音楽もアメリカにどっぷりだったのに、イギリス英語ってかっこいいなって思いました。まだまだ英語で話すことで精一杯だけど、もう少しうまくなったら発音やアクセントはイギリス英語にしたい！と。ところが今は、アメリカに12年住んだおかげで、すっかりアメリカ英語を話す日本人になってしまいました。その分かれ道は20歳のとき。

大学に入ってからは海外旅行に味を占めて、バイトで貯めたお金で、休みのたびに海外へ行っていました。

日本にいる外国人は日本人の英語にもまちがいにも慣れているのでだいたいわかってくれたりしますが、海外旅行先の外国人はそうはいきません。だって外国人はこっちだから！

旅行中は宿泊代の安い相部屋のユースホステルに泊まって他の旅行者と英語で話してワクワクしたり、お店で全然通じなくて焦ったり、食事をスムーズにオーダーできてホッとしたり。とにかく本物の英語

を聞いて話して実践して、緊張と興奮と学びと落胆と、全部の感情が一気に味わえる海外旅行はアドレナリン爆発体験！ そのうち旅行では飽き足らず、20歳の夏、イギリスの語学学校へ行くことにしました。かっこいいイギリス英語を習得するチャンス到来です。

知人がイギリスの大学へ行っていて、日本に帰国している夏休みの間、部屋を使っていいと言うので、彼女が通うバンガー大学のサマースクールに友だちと一緒に行くことに。**1ヶ月間イギリスの家で友だちと二人暮らししながら語学学校で勉強です。**

場所は「ウェールズのバンガー」。それどこよ？と地図で見てみるとなんか左のほう。「ふーん、ロンドンじゃないんだ。週末はロンドンに遊びに行こうよ！」なんて話し合いながら、着いたウェールズはなんと別の国！

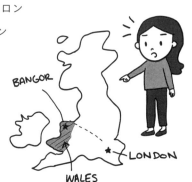

ロンドンから高速列車で3時間半。遠いよ！ なにここ！超田舎じゃん！ 羊だらけ！と、なんでもおもしろい年頃のわたしたちはゲラゲラ大笑いしました。

そもそも United Kingdom（日本語ではイギリスと訳します）は4つの国で構成されています。England（イングランド）、Scotland

（スコットランド）、Northern Ireland（北アイルランド）、そして
わたしたちが行く Wales（ウェールズ）の4つ。ウェールズの公用語
はウェールズ語で、もうひとつの公用語である英語と一緒に表記され
ています。

みなさんもちろん英語で話してくれますが、もっのすごいウェール
ズ独特のアクセント。大学でアメリカ英語に触れていたわたしには、
イギリス英語もよくわからないのに、ウェールズの濃厚なアクセント
はいつも聞いていた英語とはまったく別物！ なんというところに来
てしまったんだと思いつつ、でもやるしかない。

若いときってまだ経験が少ないから想像力が乏しいし、知らないこ
とばかりなので、怖さを知らなくて、今考えると「なんかわかんないけ
どやっちゃおう」みたいな勇気と勢いがたくさんあったんですよね。

英語よりも、勉強になった大切なこと

バンガー大学の語学学校にはヨーロッパからの学生ばかり。な
ので、日本人同士で英会話のクラスを受けるのとは大ちが
い。**英語がしゃべれないから勉強しに来ているのに、英語しかクラス
メイトと話す共通言語がないってむずかしい。** 先生だって日本語がわ
からない。1日脳みそフル回転生活で、毎晩ベッドに吸い込まれるよ
うに寝てました。英語云々よりも語学留学は「話す度胸を身につける

こと」なのかもしれない。

　クラスが終わるとスーパーへ繰り出します。田舎すぎてスーパーくらいしか行くところがないんですよね。

　ウェールズに到着して以来、お店に入ると多くの人が「ハイヤ！」って言ってくることに気づきました。アメリカでお店の人は「Hi, how are you today?」とか「How are you doing today?」と声をかけてきてくれます。これは日本で言う「いらっしゃいませ」的な感じ。でも**イギリスは「ハイヤ」ってめっちゃ言ってくるけどなんだろう……と不思議に思っていました。**

　日本に帰って調べてみると、「Hi ya!」と言ってたことがわかりました。「Ya」は「You」の意味なんですって。結局ハイヤがなにかっていうと、ただの「Hello」のスラング。「Hi you」って言って

るだけです。アメリカでも「Hi there」ってすごくよく使うんですが、「こんにちは」って言っているだけで there の意味はないんです。同じような感じですね。

　ある日、同じクラスのスペイン人の子とスーパーへ行くと彼女はパン売り場で、

I'm so hungry, I'm going to faint!
お腹空いて倒れそう〜！

　と言いながら、選んだパンをすでに食べながらレジに並んでいる⁉ 払う→食べるじゃないの？ 順番は⁉とびっくり。日本じゃ絶対ダメなことなのに、「あ、これ買うやつ」ってレジで見せて、レジの人も普通にお金を受け取って、「Have a good day!」とか言ってるし。問題ナシなの⁉と、うしろでオロオロする日本人のわたし。自由だ！ カルチャーショック！

　考えてみると確かに誰も損はしていないし、スペイン人の彼女も早めにお腹が満たされてうれしそう。精算の前にパンを食べ始めちゃうスペインの子、そしてそのままおとがめなしで事が進んでいくのを見て、ガチガチのルールに縛られているより、誰にも迷惑がか

かっていないと判断できたら自分のルールを採用してもいいのかもと密かに学んだ一件でした。

「話せる」よりも、まずは「リスニング」

朝から学校へ行って、放課後はスーパーへ行き、夜はクラスメイトとごはんを作ったりおしゃべりしたり、すべてがキラキラの体験すぎて終わってほしくなかった語学留学。

　ただ、ひとつ問題は、ウェールズの人たちのおしゃべりも先生が話すイギリス英語もほとんどわからない。自分が言いたいことは、よく考えて言えば通じているけど、返ってくるイギリス英語がとにかく何を言ってるんだかわからない。あんなにかっこいいと思っていたのに、わからないんじゃ意味ないですよね。英語を勉強するときはつい、話せるようになることばかり考えてしまいますが、気づいたのです。リスニングが肝かもしれないと。

　英語を話す度胸はついたけど、とりあえずイギリス英語は挫折かも、と思いながら3週間過ごしました。

　最後の1週間に入ると、自由活動やさよならパーティーのみ。するとドイツから来た男の子が、

I'm not going to school for the final week
because I want to travel around the UK.
俺はイギリスを旅したいから、最後の週はもう学校に行かない。

Is that okay?　そんなことしていいの？

Yeah, we finished our class, so we can do whatever we want.
だって勉強はもう終わったんだから、なにをしてもいいんじゃない？

それを聞いたわたしたちも、せっかくヨーロッパにいるんだから最後の1週間は旅して帰ろうと話し合い、先生に、

Can we finish school tomorrow and travel?
学校は明日で終わりにして旅行に行ってもいい？

と聞くと、まったく問題ありませんでした。
先生はむしろこう言ってくれました。

That's a good idea!　いいじゃない！

これは、わたしにとってかなり衝撃的な体験でした。これまでの人生、学校の計画通りにするのが当たり前で正しいことだと思っていたけれど、そうじゃなくてもいいんだという……。
1週間早く切り上げて旅をすることは、誰にも迷惑がかからないと判断して、すぐ行動に移せたのは、この語学留学での1番大きなアウトプットだったかもしれません。

Travel expands the mind.　旅 は 心 を 広 く す る。

　って言いますけど、学校途中でやめちゃったんだもん、わたしの視野、広くなったなぁ。

　というわけで、イギリス滞在中に突然決めた旅だったので日本人の旅のバイブル「地球の歩き方」も携えず、下調べゼロで鉄道に乗ってパリへ。当時はまだスマホもネットも発達してないから、完全な行き当たりばったり旅です。

　なんとか宿も現地で取り、「How can we get to the Eiffel Tower?（エッフェル塔に行きたい）」と道を聞いて、行って、地下鉄を出たら目の前には凱旋門ドーン！でリスニングの大切さをまた思い知り、ルーブル美術館でわけもわからないままモナリザやダビデ像を間近で見て、ハンバーガーを頼んだら、英語が通じなくてポテトが出てきたりと、3週間の語学学校で身につけた度胸で一通りパリをハプニング多めに満喫して日本へ帰りました。

　あのとき、3週間で学校をやめたことはまだ親には言ってません。あと、イギリス英語は断念して、アメリカ英語に切り替えました。

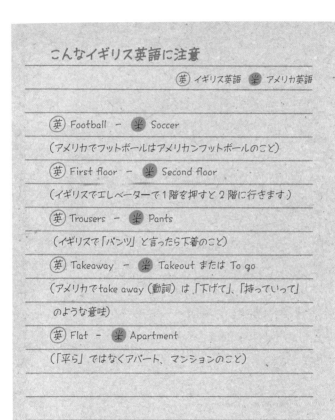

こんなイギリス英語に注意

㊤ イギリス英語　㊤ アメリカ英語

㊤ Football － ㊤ Soccer

（アメリカでフットボールはアメリカンフットボールのこと）

㊤ First floor － ㊤ Second floor

（イギリスでエレベーターで1階を押すと2階に行きます）

㊤ Trousers － ㊤ Pants

（イギリスで「パンツ」と言ったら下着のこと）

㊤ Takeaway － ㊤ Takeout または To go

（アメリカで take away（動詞）は「下げて」、「持っていって」

のような意味）

㊤ Flat － ㊤ Apartment

（「平ら」ではなくアパート、マンションのこと）

まずは、直訳をやめること
から始めましょう！

Stop translating and
think in English!

日本語に縛られずに発想の転換！

英語を話すとき、日本語で言いたいことを考えてそれを訳しますよね。

でも英語で会話ができるようになってくると、聞いたことを訳して、自分が言いたいことを訳して……なんていう時間は全然ないっ！

だから、そんなことできる？って思うかもしれないですが、**日本語を最初に作って英語に訳すのをやめてください！ 訳、禁止！**

英語は英語として聞いて、英語として組み立てて話すと時間短縮になります。 それが英語がうまくなる一番の道です。

例えば、「趣味は映画鑑賞です」って言いたい場合。

「趣味は」から訳そうとして、「My hobby is」が出てきます。いい感じです。次は「映画鑑賞」の単語。わたしは「鑑賞」っていう英単語、知らないです。訳そうとすると「映画鑑賞」がわかんない〜！って、ここで止まってしまうんです。

だから日本語にこだわらなくて大丈夫。わたしたち日本人は中学校

で1500個くらい英単語を勉強しています。すごいことです。1500も覚えてなくても、自分が知っている英単語をつなげていけば、いかようにも文章は作れます。むずかしく考える必要はないんです。

　訳そうとせずに、言いたいことの映像をイメージして、それを知っている言葉で言おうとしてみてください。 だってひとつのことを説明したいとき、言い方なんて何通りもあるし、必ず日本語の訳をそのまま使う必要なんてないんです。だから「趣味」「鑑賞」の呪縛から解き放たれて、発想を変えてみましょう。

I like movies.
I like watching movies.

でどうでしょう。簡単でしょ？　じゃあ次。例えば「英会話教室に通っています」ならどうでしょう。英会話教室（English school）、通っている……通うは commute？　ちがうちがう〜！　もっと簡単に知っている単語で組み立てましょう。

I'm taking English lessons.

どうですか？「英語のレッスンをとっています」。これで同じことが言えています。<mark>最初に日本語を思い浮かべると、英語を作るのをすごく邪魔しちゃうんです。「英語を習っている」映像を思い浮かべて、それを知っている英語で言ってみる。</mark>

I'm learning English now.

でもいいですよね。英会話教室に通って、英語を勉強しているんですから。同じ内容のことを言えれば、それでちゃんと伝わるので日本語の通りにしなくて大丈夫です。

たぶんこれを言うと「Oh, at a school?（学校で？）」とか質問されて、どこの英会話スクールかを答えて……と会話のキャッチボールが始まりますしね！

そのときは、【主語】【動詞】【目的語】の3語で大体いけるので、シンプルに考えてください。

「今日ここへどうやって来ましたか？」はどうでしょうか。ちょっと難易度が上がりますね。だって質問・過去・方法のトリプル！ どうやってって手段を聞いてるから、howかな、でも、そのあとの疑問文の作り方がわからなくなって、焦るし、もう言うのを諦めたくなりますよね。

はい、むずかしく考えない！

「質問」と「how」の呪縛から解き放たれましょう。3語で「You walked here?」ならどうですか？「ここに歩いて来た？」って聞けば、「No, I took a train」とか「No, I drove」とか、どうやってきたかの手段が聞き出せます。簡単でしょ!?

言いたいことの言い方がわからなければ、連想ゲームみたいな感じで回り込んで、噛み砕いて同じ意味のことをちがう言い方で言えばいいだけ。それも、中学校で習った英語の文法に、中学で習った英単語を使って、です。

　英語って意外にすっごく簡単で短い文体で通じちゃうんです。もちろんレベルがあがってきたら、もう少し長い文章を作れるようになりますし、かっこいい言い方とか、賢そうな言い回しも使えるように増やしていけばいいだけ。

　でも、まずコミュニケーションを円滑に進めたいなら、**できるだけ簡単に、そして日本語訳にこだわらない。それが一番の英語で話せるようになる近道**なんじゃないかなってわたしは思います。

英語の組み立て方は、
意外に構造的！

How to "construct"
what you're going to say

　直訳をやめる、英語で英語を考える。言うのは簡単ですけど、やるのはむずかしいですよね。

　日本で英語を勉強していたら、話す相手は、日本語をわかってくれることが多いので「〇〇って英語でなんと言うんですか？」と聞けたり、なんとなく言いたいことの意味をくんでくれたりする外国人が多いですが、海外に行くと大変です。日本語でなんて言うの？って聞けないわ、日本語から訳すと全然通じないわで、甘えられる余地ゼロ！

「英語脳」を身につける

と　いうわけで、まずは、英訳をする習慣をやめて、「**英語脳**」を身につける練習から始めるのがいいと思います。自分が英語を話すときは、相手が日本語を話せようが話せまいが、問答無用で「英語脳」に切り替える練習です。

　日本語から英語に訳そうとすると、頭からつまずいてしまいます。そもそも、日本語と英語は、同じスポーツで同じ球技だけど、サッ

カーと野球くらいちがうと思ってください。

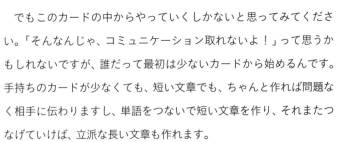

**まず、自分は日本語能力をすべて失った！
と思ってみましょう。**

　手持ちのカードは全部英語、しかも少なめ！

　でもこのカードの中からやっていくしかないと思ってみてください。「そんなんじゃ、コミュニケーション取れないよ！」って思うかもしれないですが、誰だって最初は少ないカードから始めるんです。手持ちのカードが少なくても、短い文章でも、ちゃんと作れば問題なく相手に伝わりますし、単語をつないで短い文章を作り、それまたつなげていけば、立派な長い文章も作れます。

　わたしが英語を話すときのイメージは、英単語が書かれた電車の車両を順に英語の文法に当てはめて連結して並べていくような感じです。話しながらどんどん連結して文章を作っていくんです。

　順を追ってやってみますね！

日本語は文末決定、じゃあ英語は？

　まず、英語は日本語とちがって、口を開いて話し始める前に何を言うかまぁまぁ決めておかなきゃいけません。日本語は

「文末決定」の言語なので、最後の最後に過去形や否定形にしたりできますけど、英語はしょっぱなで決めます。なので口を開く前に２つ、決めておいてほしいことがあります。

① 誰の話をするか（主語）　と　② いつの話をするか（時制）

① これから話すことのメインキャラクターは誰か

日本語は主語を省略できる言語ですが、英語は主語つまり、メインキャラクターは必ず登場させなきゃいけません。わたし、彼女、彼ら、猫、誰かの名前などのメインキャラクターが存在しない場合でも主語は必ず必要で、その場合は it が主語になります。英語は it を主語にすることも多いです。

② これから話すのはいつのことか

メインキャラクターが決まったら、その話が現在の話か、今まさに起こっていることなのか、過去のことなのか、未来のことなのか、これを話し始める前に決めておいてください。そして、その直後に「アクション（動詞）」を決定します。

決めること

- ・メインキャラクターは誰か
- ・意見や状態について話したい → 動詞をそのまま言う
- ・未来の予定の話をしたい
  → am / is / are going to + 動詞
- ・過去の話をしたい → したことの動詞を過去形にする

この主語・時制＋動詞さえ考えずに口に出せたら、あとは単語の電車の車両をどんどん連結して、話をふくらませていくイメージです。

ちなみにわたしは、未来の予定話をするときの am / is / are going to は、主語の後の動詞を決める前に **am / is / are going to と言いながら動詞を考える時間稼ぎができる**ので、好きですね。

今回は、自分のこれからの予定の話をする設定で文章を作っていきましょう。

決まったこと

- ・メインキャラクター → I
- ・これからの予定 → am going to

「I am going to」までさらさらっと言えますね。このあとはアクションですね。ランチすることにしましょうか。なので「have lunch」にしましょう。これだけでもう基本的な情報はおさえました。

I am going to have lunch.

ランチを食べる予定は言えたので、もうちょっとふくらませていきましょう。場所も言ってみましょう。地名を言いたいときは「in 地名」です。もう食べるレストランが決まってる場合など、細かい場所を言うときは「at 場所の名前」です。

I am going to have lunch in Shibuya.

何時に食べるかも教えましょう。決まっている時間を言う場合は「at 時間」です。おおよその時間の場合は「around 時間」です。

I am going to have lunch in Shibuya at 1 pm.

次はせっかくなので誰か友だちと一緒にランチすることにしましょう。誰かと言いたいときは「with 誰」です。

I am going to have lunch in Shibuya at 1 pm
with a friend.

その友だちのこと、もうちょっと説明しちゃいましょうか。**人の説明を詳しくしたいとき**は、中学校で習った関係代名詞の「**who**」をつけて連結します。

I am going to have lunch in Shibuya at 1 pm
with a friend who

どんな友だちにしましょうか。夢いっぱいの相手にしちゃいましょう。BTSのメンバーなんかどうでしょう？

I am going to have lunch in Shibuya at 1 pm
with a friend who is a member of BTS.

who をつけてつなげて、その who さんが誰なのかを表現する文章を考えてつけるだけです。他には、

A friend who is a famous singer.
A friend who came from Korea.

とか。え？　BTSを知らない？　今はわたしもメンバー全員の名前を言えますが、ちょっと前までは知らなかったので。じゃあBTSの説明も、うしろにくっつけて教えてあげましょう。

**I am going to have lunch in Shibuya at 1 pm
with a friend who is a member of BTS**
which is a very famous Korean idol group.

whichをつけてつなげます。これもさっきの a friend のあとと同じ。説明なので時制はそのまま現在の「is」でBTSの説明をしました。

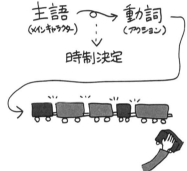

　少ない手持ちのシンプルな単語カードで、こんなふうに連結していけば、長くて詳細な内容を伝えることができるんです。

　でもこれは、がんばればこれだけ長い文章って意外と簡単に作れるんだよ、という、とっても先の話です。わたしは**会話において一番大切なのは、「まちがっていてもとにかく情報を出すこと」**だと思っています。だから「in Shibuya」でも「at Shibuya」でも、言うことが大切なので、つまるところ、どっちでもいいし、時間をかけて長い文章を作らなくても、**ぶつ切りの文章をならべるだけで本当は大丈夫**です。いつか、こんなふうに長い文章が作れるようになる日が来ますから！

今度は過去形。もうひとつやってみよう

練習をもうひとつ。メインキャラクターは My girlfriend にしましょうか。それで、過去の話をしてみましょう。**過去の話をするぞ、と思ったら言い始める前にアクションを過去形で言わなきゃいけないので、先にアクションを決めましょう。** コーヒーを淹れてくれた設定「made coffee」にしましょうか。

My girlfriend made coffee.

もしかしてあなたのためにコーヒー作ってくれたんですか？
誰かのために、のときは「for 誰」です。

My girlfriend made coffee for me.

いつですか？ **何時何分みたいな正確な時間じゃなく、朝や午後と言いたい場合は、そのままボンとぶちこみます。**

My girlfriend made coffee for me this morning.

コーヒーを朝作ってくれる彼女、やさしいですね。その感想も付け加えていきましょうか。**つなげるには「which」を連結部分に入れます。**

My girlfriend made coffee for me this morning,

which was very sweet of her.

　自分以外の主語（ここでは My girlfriend）の人の話に、自分の感想まで入れて一気に1文で話せちゃいましたね。

　とにかく説明をしたいときは連結部分の「which」を入れてつなげれば、どんどん話を長くふくらませていくことができます。

　英語は最初に言うことをまぁまぁ決めなきゃいけないと言いましたが、**キャラクターと時制だけ素早く頭に思い浮かべたら、あとはwhitchやthatでどんどん修飾していけます。**

　英語を話すときは、英語脳に切り替えておけば、日本語と比べたり、日本語の構造とは反対だから、などと考えることもなく、【主語】【動詞】【説明】みたいな感じで連結して文章をつなげていけるようになります。

　英語を話すときは英語脳。これを早めに身につけると日本語にとらわれることなく、言いたいことが言えるようになっていきます。日本に住んでいると常にまわりは日本語ですし、英語を話す機会も少ないので英語脳をスイッチオンすること自体が少ないですが、例えば今日1日は自分の行動を全部心の中で独り言で英語で言ってみる！と設定して、できるだけどんどん文章をつなげる練習してみるっていうのもいい英語勉強法だと思います。

LESSON

Ⅱ

49

自己紹介の
フレーズカードを持つ！

　日本語でも同じですが、自己紹介のような、よく遭遇する場面では同じような質問や答えを使いますよね。**毎回英語で考えて、訳して、文章を作って、とやるより、「これを聞かれたとき＝これを言う」という感じで自分専用のフレーズカードをたくさん持つ。**そしてその中から選んでいる感覚が作れたら、それが基礎、つまり「**自分の定型文**」となります。そこから応用したり変化をつけたりしてふくらませていけるようになれば、英語での会話が楽になります。まずは、自己紹介文の自分の定型を作ってみましょう。

「どこ出身？」に英語でなんと答える？

例えば、初対面で聞かれる定番のこれ。「**Where are you from？（どこ出身？）**」ですね。一番シンプルなのは、

I'm from Japan.　日本出身です。
I came from Japan.　日本から来ました。

ありがたいことに日本は世界中で好かれている国（わたし調べ）な

ので、話す相手が日本に行ったことがあったり、興味があったりするとさらに詳しく聞かれたりします。

Where in Japan?
日本のどこ？

その場合、「I'm from Kobe」と出身地を答えますが、出身地と住んでいる場所がちがったら、もうちょっと説明してみましょう。

I am originally from Kobe, but I live in Tokyo now.
もともと神戸出身だけど、今は東京に住んでいます。

同じ意味で言い方のちがうレパートリーを増やしてみましょう。

I was born in Kobe, but I grew up in Yokohama.
神戸で生まれて、横浜で育ちました。

ここで答えのカードが増えてきたので、ミックスさせたら長い文章ができあがります。

I was born in Kobe, but I grew up in Yokohama
and I live in Tokyo now.
神戸生まれで、育ちは横浜ですが、今は東京に住んでいます。

もうひとつセットフレーズの「**生まれも育ちも**」**カードは持ってお**
くと、とっても便利です。

I was born and raised in Kyoto.
生まれも育ちも京都です。

　このように出身を地聞かれたとき、カードを数枚持っておくと、基
本的な一番最初の会話はクリアできちゃいますね。さらにこれを疑問
形にするだけで、相手にも質問できます。外国人と英語で会話をする
コツは、自分が言いたいことを言えるだけではなくて、質問ができる
ことだと思います。なので自分が言えることを疑問形に変換できるよ
うに練習しておくといいと思います。

How about you?　**あなたは？**
Where are you from?　**あなたはどこ出身ですか？**

　例えば、「I'm from London」って答えだっ
たとして、「Born and raised？（生まれも育

ちも？）」って聞けば、もう上級会話の成立です。すると答えが、

No, I was born in France, but I grew up in London.

　手持ちのカードで向こうからの答えが来たら聞きとれますよね。**自分がわかっていることは、やっぱり聞き取れるんです。**

　逆にいうと、知らない単語や文法構造だと聞いていたってわかるわけがないんです。だから**基本のカードを持っていると、全部がわからなくても想像力で、全体を把握できるようになってくる**んですよね。

　ここから、どこどこで生まれて、育ったのはどこどこで、と話がふくらむことも多いし、自分が行ったことのある都市だったりするなら、

Oh, I've been there!　あ、行ったことある！

　で、話がふくらむ、ふくらむ！　お互いが共通して知っているモノやコト、場所の話は盛り上がります。何も知らない話をバンッと聞くと、英語も理解しなきゃいけないし、内容についても理解しなきゃいけないし、ダブルでしんどいですが、英語という外国語で話す上で、知っている知識のことを話すのはかなりラク！　こうやって自分が知っていることを探してその話をすることで、聞くだけじゃなくて自分が話す回数も増えていきますし、質問だってしやすいですよね。コツは自分の陣地に会話をもってくることかもしれません。

英語を話すためのメンタル

Deciding to learn foreign languages
is the hardest first step!

　わたしは自分への期待度が割と低めです。でもこれは自己肯定感が低いとか、自信がないという意味ではありません。例えばテスト勉強。がんばってやってはみるけど、死ぬほど勉強したわけじゃないから自分がすごくいい点数を取れるとは思っていなくて、それ相応の結果だろうなと受け入れる、みたいなことです。

そもそも外国語を勉強してることがエライ

　英語に関しても、わたしにとっては第二言語だし、完璧に話せるわけがないと最初から思っています。だからまちがえても「だって外国語しゃべってるんだよ？　そりゃまちがえるでしょ」と思っているから、そんなに恥ずかしくない。まちがいを指摘されたら、ひとつ学んだと思うし、上手に話せてほめられたりなんかしたらラッキーって思います。

　自分はもっとできるんだとか、できるはずって思っているほうが向上心があって伸びるかもしれないですが……。わたしも、もう少し若かったときはそう思っていた部分もあったかもしれません。できなかったときの落胆や挫折を経験して、**過度に期待せず神経質になりす**

ぎずにチャレンジするほうが楽しいってだんだんわかったからだと思います。うまくいったときのうれしさたるや。

　という感じで、**ありのままの自分を受け入れています。なので落胆はあまりしないし、失敗したらすぐ忘れちゃいます。** 引きずっているより次、次〜！って前を向いたほうが気分がいいですもんね。実は、この本を書くときに担当編集者さんに、

「英語で失敗した話、書いてください」

　と何度も言われたんですが、記憶喪失かっていうくらい失敗を覚えてなくて、失敗エピソードが書けなかったんです。

　英語はわたしの第一言語ではないので、絶対に聞きまちがいで失敗したり、無数のまちがいをしているはずなんです。どうやら失敗から新しいことを学ぶけれど、その失敗自体は速攻で忘れて、なかったことにする、という習性があるようです。

「英語をがんばってきた自分」をまず認める

英語を話すためには、まず自分が外国人だということを受け入れて、できなくて当然だと思うことが大切だと思います。

できる、できない、人にどう思われるか、自分がどう見えているかよりも、**英語がわかるようになって広がる世界はそんなことどうでもよくなるくらいおもしろい**。自分が生まれ育って慣れていることから飛び出して、思いもよらない発見があったり、知らない文化を知ることで今知っている自分の文化がもっと豊かになる。そっちを楽しむために英語を勉強して、話して、聞いたほうが絶対にワクワクすると思うんです。

わたしたち、中学校からみっちり英語の勉強してきましたよね。SVOC文型に分厚い単語帳。長い文章問題だって解いてきました。

英語の基礎は、ちゃんとあります！

正しい文法を知っています。だから自信を持ってそれを使えばいいだけ。発音がネイティブ級なのに文法がまちがっているより、文法がちゃんとしていて発音が日本語なまりのほうがよっぽどいいんです。アメリカで活躍する宇宙飛行士

だって英語は外国語ダヨ?!

も、有名大学で教鞭をとる教授も、大リーガーも、みんな堂々と外国人として英語を話しています。

　もちろん完璧じゃないし、発音だってネイティブのようではないかもしれないけれど、ちゃんと意志を持って発言しているからすごく英語がちゃんとしているし、話そう、伝えようとする人のことはアメリカ人もしっかり聞いてくれるんです。

　自分の英語は下手だから恥ずかしいなんて思いは、今すぐ捨ててください。だって外国語を自発的に勉強していること自体、すばらしいことですし、話せるなんてもっとすごいんですから（ちなみにアメリカで外国語を勉強している人は人口のたった約20％と言われています。※ピュー研究所調べ）。

　あとは楽しむこと。新しい単語や表現が自分のものになったらうれしいものです。そうやってどんどん広げていって、英語が話せなかったら知ることもなかった人、もの、文化、食べ物、全部楽しんで自分のワクワクにしていってください。やっぱり英語は、できないよりできたほうがいい！

2語で話せる便利なフレーズ20

Hold on. ちょっと待って。

電話、出かけぎわ、しゃべってるとき、待ってほしいときに
いつでも使えます。

What's that? なんて言った？

「What is that（あれはなんですか）？」の意味ではなく、
「What is that you said?」の省略型。聞き取れなくて、
もう1回言ってほしいときに使います。

Like what? たとえば？

相手の話がぼんやりしてるとき、もっと詳しく聞くために使います。

Makes sense. そういうことね。

相手の説明がわかったとき、また会話中のあいづちとして使います。
itかthatが省略されているので、三単現のSがつきます。

That's it. そのとおり。

オーダーして、「以上ですか？」と聞かれて「以上です」と
言うとき、また「そう、それ！」のときも使います。

Sounds good. いいね。

「Meet you at 5 in Shibuya（5時に渋谷で）？」「Sounds good.
（じゃあ、そうしよう）」と決めごとの最後に言うことが多いです。

It happens. あるよねー。

「よくあるよ」「そうなるよね」と同意するときに使います。

Kind of / Sort of ちょっと

「種類」の意味ではなく、「ちょっと」「まぁ」「なんか」「そんな感じ」
などあいまいな場合の返事やはっきり言い切りたくないときに使います。

I'm down. 賛成。

誘いごとにのるときに「やります、行きます」の意味で使います。

I mean つまり

直前に言った文章を別の言い方で「〜っていう意味」と
言い換えるときの冒頭に使います。

For real? まじで？

「Really?」と同じ意味ですが、
たまにはちがう言い方をしたいときにどうぞ。

Have fun! 楽しんでね！

相手がどこかへ行く、誰かに会うなど
計画があるときなどの別れぎわに言うことが多いです。

I know! でしょー！

「わかってる」の意味ですが、
感情をこめて言うと「も〜そうなの！」「でしょー！」になります。

It depends. 場合によるかな。

答えがひとつではないとき。また on をつけて
「It depends on the time. (時間によるかな)」、
「It depends on the weather. (天気次第かな)」と言えます。

My pleasure. どういたしまして。

「You're welcome」以外もあるとバリエーションがあっていいですね。

Go on. 続けて。

相手の話が止まったときに「それで、それで？」と
続きを聞くために言います。

Guess what? ねぇ聞いて。

返事は必ず「what?」と返ってきますので、そしたら
話し始めてください。

Take care. じゃあね。

別れぎわに言う言葉。Bye 以外のバージョンです。

That sucks. 最悪じゃん。

相手の話を聞いていて「それ、最悪じゃん」「うわぁ」と
同調するときに使います。

For sure! もちろん!!

それ絶対やる、という強い「もちろん」のときに使います。

LESSON 2

「好き」と
「自信」を
英語に
くっつける

日本人の英語、なにがダメなの？

You know more than you think!

「完璧な英語」を求めすぎないで

日本に帰ってきて英語を話さない生活になってから、いざ英語を話そうとすると、思ったように言葉が出てこなくなってしまいました。思い切って始めた英会話を週3回15分、続けています。あるとき、英会話の先生に、日本人の英語学習者に共通しているまちがいってある？と聞いてみたところ意外な答えが返ってきました。

「日本人は文法もしっかり勉強しているし、発音もがんばってる。話せているのに自信がないのが共通点かな」と。

三人称単数現在、いわゆる三単現のSを忘れがちとか、そういうまちがいの指摘を予想していたので、ちょっとハッとしました。

確かにアメリカにいたとき、たくさん移民が住んでいて、

日本人のまちがえた自信のなさ！

え！そうなの？

アメリカという異国の地で生活するためには、とにかくブロークンイングリッシュでも、しゃべって伝えなきゃいけない。だから**みんな文法がまちがっていようがとにかく伝える、コミュニケーションをとる。なんならまちがった英語で笑いまでとっちゃう。**

　その点、アメリカにいる日本人は話す以前にまちがえることを気にしてしまったり、通じなかったら恥ずかしいからと発言しなかったり、コミュニケーションに積極的じゃない人が多い印象でした。もしかしたらそれは、試験ありきで英語を勉強してきた日本人ならではの問題なのかもしれません。

　英語の授業では、答えはいつだってひとつ。先生に当てられて英語として成り立っていても、解答とちがうなら「まちがい」。テストでまちがえたら減点。スピーキングのテストでも暗記して、言いまちがえたら減点。そりゃ、自分が作る英語を試すの怖くなってしまいますよね。

　昔のわたしはどうだったかと考えてみると、受験のための英語だけを勉強してきた高校を卒業して外国語大学に進んだことで、すぐにネイティブの先生と毎日話す環境に入り、英語をまちがえたって先生に怒られたり減点されたりということもありませんでした。コミュニケーション重視でいかに発言を多くするかを評価するシステムだったので、中学・高校で染み付いたまちがえたら恥ずかしい、という気持ちを消してくれました。

本気の英語は、大学から

今考えると大学の先生たちも日本で生活しているから、日本語が多少わかる人ばかりだったはずですが、授業では一切日本語を話さなかったし、日本語が通じないフリをしてたんじゃないかなと思います。**通じなかったら、他の言い方を考えて通じるまで言ってみるというスキル**が身についたのも、大学からだったような気がします。

その後、はじめてアメリカに留学したのが、大学4年、21歳のとき。これまたラッキーなことに親日家の多いワシントン州。イチローがマリナーズ（ワシントン州シアトルの球団）に入って大活躍をしていた頃。日本人というだけで、「Oh, I love Japan!」状態なのに、イチロー効果で「Thank you for sending Ichiro to Seattle!」と恩恵を受けまくっていました。なので、自分が思っている英語が通じなくてもワシントン州のみなさんは「日本人が発言してるぞ！　はい、耳をダンボにして理解しようとして聞きますので、どうぞ！」という態度で聞いてくれることが多かったように思います。

そんな優しい世界にいたので、英語を発すれば、まちがえていても相手が聞いて理解しようとしてくれました。

まちがえたら「〜ってことかな？」と言い直してくれるので、それ

を「あー、そうそう！」と言いながら、教えてもらった言い方で言い直してみる。次に使える場面に遭遇したときにそれを使ってみる。それでだんだん自分のものになっていくというわけです。

　わたしはたまたま差別のない、日本と日本人が大好きなアメリカ人がたくさんいる場所に住んでいたので、こういうスタイルがしっくりきたのかもしれません。アメリカ南部の方や、保守的な人が多く住む州へ旅行で行って買い物したとき、わたしの英語が通じないこともありました。日本へ荷物を送ろうと郵便局へ行ったとき、

How would you like to mail it? By sea or by air?
船便と航空便、どちらで配送したいの？

　だいたいアメリカから物を送ったことがなく、配送に種類があることすらわからないので「送りたいの？」と聞かれていると思い、「Yes!」と答えると、

I'm asking which, it's not a yes or no question.
どちらかって聞いてるのに、はい、いいえじゃないから……。

と言われて「これだから外国人は！」みたいな露骨に嫌な顔をされたこともありました。「なんか嫌なやつ〜！」と思いながらも「外国人ががんばって英語でしゃべってるんだから、聞く努力してよ！」と思っていました。

わたしなら、カタコトの日本語で母国に物を送ろうとしてる人にこんなに冷たくしないぞ！

こんなときの伝家の宝刀はこれです。

English is not my first language,
can you say it one more time, please?
わたし、英語が母国語じゃないんで、
もう1回言ってもらってもいいですか？

こう言うとアメリカ人は、

Oh! Where are you from?
そうなの？　どこから来たの？

と聞いてくれることが多く、「Japan!」と答えると、そこから

「Oh! I love Japan!」と興味を持ってくれることで和んで優しい世界になるわけです。「日本ってアメリカで好かれてる国でよかったわ〜」って思うことが多かったですね。

まちがいを怖がるより、伝えることが大切だから単語をバンバン言うだけでもいいんです。

日本語のスピードと同じように早く話さなきゃいけないなんてこともありません。単語をひとつひとつ、しっかり発音していきましょう。あとは「こちら、第二言語の英語でがんばって話すんで、あなたはそれをがんばって聞いてね」のマインドでいけば、まちがったって平気。

自信を持って、話しましょう。ちゃんと聞いてくれるから！

3語で話せる便利なフレーズ15

… stuff like that. そんな感じ。
文章の最後に、「まぁそんな感じ」と付け加えて
にごすときに使います。

It doesn't matter. どっちでも。
「どっちでもいい」「関係ない」というときに使います。

By the way ところで
「そう言えば」と話を変えるときに使います。
メッセージでは短くBTWと略します。

Not at all! 全然！
「どういたしましての変化球版。
もしくは「全然大丈夫」のときに使います。

Good for you! よかったじゃん！
「おめでとう」「よかったね！」というときに使います。

You know what? ねぇねぇ。
「ちょっと聞いてよ」と話しかけるときに使います。

Cut it out. やめてよ。
しつこく何かを言われたときに「もういいよ！」「もうやめて！」
の意味で使います。

I appreciate it. ありがとうございます。
メールでよく使います。「Thank you, I appreciate it.」
と続けて言うこともよくあります。

Is that right? そうなの？

相手の言ったことに対して「ほんとに？」「そうなんだ」の
ときに使います。

… might as well せっかくだし

主語と動詞の間に「I might as well go」と入れると
「行く」が「せっかくだから行く」に変わります。

I was like~ って感じだった、～といった

文頭につけるとそのあとの文が日本語でいう「～って感じだった」
の意味になります。「I was like why do you say that?
（なんでそんなこと言うの？って感じだった）」という感じで！

It works out. うまくいく。

「I hope it works out! （うまくいくといいね！）」
「It worked out! （うまくいったよ！）」など
変化させて使う場合が多いです。

Here you go. はい、どうぞ。

同じ意味で、「There you go」「Here you are」などと
何かを差し出すときに相手に言うフレーズです。

… up to you. おまかせします。

全文は「It's up to you. （あなた次第ですよ）」
という意味で、あなたの好きなように、おまかせしますよ、
のときに使います。

On my way. 向かっています。

一言「今向かってる」とこれで返事できます。全文だと
「I'm on my way.」で、場所も言うなら「to どこどこ」
をつけます。

「好きなこと」+「英語」で
しっかり身につく

Learn English by doing
something you love!

　英語を勉強するぞ！と思うとまずは英語勉強の本を買って……
が王道ですが、それって結局中学校・高校のときみたいに読んで書い
てという机の上の勉強と同じなので、ワクワクする感じとか、生の英
語を身につけてる感がないですよね。そうなるとやっぱり勉強らしく
なりすぎちゃって楽しくなくなっちゃうんですよね。

　じゃあ実践で使える英語を勉強するには、外国人を相手に英会話す
るしかないの？となりますが、そんなことない。英語を話す相手がい
なくたって、十分1人で楽しく実践で使える英語を話すときに向けて
蓄えておく方法はあります。

「好きなこと」に英語をくっつけて勉強する、です。

　わたしの場合は洋楽でした。18歳のときに大好きになったバンドが
ウィーザー（WEEZER）。ウィーザーの音楽からどれだけ英語を勉強
させてもらったかというくらいわたしの英語の礎となったバンドで、
今でもずっと大好きです。

見つけた！　好きなアメリカのバンド

10代後半20代前半のわたしに刺さりまくったウィーザーがどんなジャンルの音楽だったかを説明したいのですが、そこへ行くまでのアメリカのロック音楽の流れを、わたしの理解ではありますが、簡単に語らせてください。

80年代はヴァン・ヘイレンとかボン・ジョヴィ、エアロスミスのようなロン毛で服の袖を破いてピッタピタのパンツはいてギターをかき鳴らすバリバリハードロックが主流でした。90年に入ると、強い人間ばかりじゃないんだよ、弱いところもあるし闇だって抱えてる。そんなことを歌うニルヴァーナやパール・ジャムのような陰なロック「グランジロック」が大ヒットします。

ちょっと暗い系のロックから90年代真ん中くらいになると、次はポップで明るい、でもちょっとワルみたいなパンクロックが出てきます。グリーン・デイとかレッド・ホット・チリ・ペッパーズなどですね。その派生のような感じで、ロックスターっぽくない普通の服を着て、明るさの中に自分の弱い部分の気持ちを素直に歌う系統で出てきたのが、ウィーザーです。

1994年発売のファーストアルバムのジャケットですが、普通のお兄さんたちなんです。ロックやる人に見えない。でもそれがいいんです。

好きだから、ちゃんと歌詞を理解したい

れまでロックは強いか暗いか！もしくは元気なワル！みたいな時代だったのが、エモーショナルな部分の共感とかキュンな気持ちをくれたのがウィーザーでした。ちなみにですが、そんなエモなロックを作り出すボーカルのリバース・クオモはガンズ・アンド・ローゼズなどのバリバリのメタル音楽に影響を受けているそうです。

特にわたしの心をつかんだのは2枚目のアルバム『Pinkerton（ピンカートン）』でした。ピンカートンは、当時のリバースさんのかなりエモーショナルな気持ちが大きく反映された暗めの曲の多いアルバムだったこともあって、1枚目のような明るいポップロック調ではなかったため、実は発売当時はあまり売れなかったんです。でも「これは最高傑作だ」と言う人もいて、賛否両論あったアルバムでした。のちにやはり評価されて、じわじわと人気になりましたが、わたしは当時からこれが一番好きです。

また熱く語ってしまいましたが、リバースさんは日本が大好きで、日本の女の子にファンレターをもらった経験を書いた曲があります。

わたしの心をグッとつかんだ曲の名は……

日本で洋楽を聞きながらアメリカに行ってみたいなと憧れていた10代のわたしは、そのファンレターを書いた子と自分を完全に重ねてしまって、なんだか自分に歌ってくれているような気がしてすごく好きになった曲、『Across The Sea』です（ちなみにどうやらその子はわたしと同じ年だったというのを後で知りました）。

You are 18 year old girl who live in small city
of Japan
You heard me on the radio
About one year ago
And you wanted to know
All about me
And my hobbies
My favorite food and my
　birthday
Why are you so far away from me?
I need help and you're way across the sea
I could never touch you
I think it would be wrong
I've got your letter
You've got my song

WHAT'S YOUR HOBBY?
WHAT'S YOUR FAVORITE FOOD?

（作詞：Rivers Cuomo/Across The Sea"Pinkerton"1996）

1番の歌詞なんですが、なんと簡単な英語。しかも、わざとなのかな？と思うんですが、英語の文法をちょっとまちがえていたり、日本の教科書で習った英語っぽいんですよね。

だって girl のあとの動詞は、「三人称・単数・現在」なので lives と s がつくはずですよね。日本人の英語っぽく、s がない。

あと、日本人がよく使うけどネイティブは使わないフレーズ「What's your hobby?」とその子はファンレターに書いたんでしょうね。だから「you wanted to know my hobbies」と歌詞に出てきます。高校生が学校で習っている英語をがんばって使って書いたファンレターというのがよくわかる歌詞です。

そのファンレターをもらった答えとしての歌詞が続きます。

「どうしてそんなに遠くにいるの？　キミに触れられないし、それってどうなの。でもキミからの手紙受け取ったよ、だからキミにはこの曲を」。

エモくてキュン！じゃないですか。簡単な英語なので、訳すまでもなく感じることができるんですよね。

何度も何度も聴く、覚える、理解する

こんな感じで、ウィーザーのすべての曲を歌詞を見ながら何度も何度も聴いていました。好きだから全部理解したくて聴い

LESSON 2

ていて、一緒に歌っていました。そのうち歌詞を見なくても口が覚えて歌えるようになって、それが日常の会話の中でも使えるようになった、という感じです。

その頃はウィーザーをはじめ、ジャンルを問わず、ビルボードやMTVで流れるトップ10のような洋楽を全部聞いていて、ただ聞いているだけじゃ何を言っているのかさっぱりわからないのに、歌詞を見ながら聞くと、だんだん単語が聞き取れるようになっていくのがすごく楽しく英語を自然に学んでいました。今考えると、ですが。

こうして好きなことと英語をくっつけると、好きだから知りたい、もっと知りたいから英語がわからなきゃっていうモチベーションになります。それがわたしのように音楽でもいいし、映画でも、小説でも、演劇でも、スポーツでも、「もっと知りたい」につなげることができたら、きっと英語が楽しく身についていくと思います。

THANK YOU, WEEZER !!

リスニング上達法、
わたしの場合

Forget Katakana! That's what's
stopping you from becoming better

リスニングできなきゃ、そもそも会話できない！

英語っていうと、どうしてもスピーキングをがんばらなきゃと思ってしまうのですが、例えば暗記したフレーズで言いたいことが言えたとしても、そのあとの相手の返事がチンプンカンプンではコミュニケーションが成り立ちません。

だからリスニングはとっても大事。

英語は最初にリスニングスキルが上がってきて、それからスピーキングが追いついてくるんです。

聞く　→　理解する　→　使ってみる

INPUT　　　　　OUTPUT

この一連の行動でコンプリートです。じゃあ1日中英語を流しておけば、耳が慣れてだんだん聞けるようになるかというと、残念ながらNO。わからない言葉は聞こえてきたところで、わかるわけがないんです。流れていっちゃうだけ。やっぱり意識した勉強なしで聞き取りは自然にできるものではありません。これは話すのも、読むのも、書くのも同じです。わたしだってアメリカに10年くらい住んでいましたけど、今でもすべて聞き取れるわけではありません。道の途中です！

まずは「わかる単語」を拾う！

　じゃあ、どうやって聞き取るかというと、**聞き取れた「わかる言葉」だけを使って、全体を「予想」して理解していく。**

それでわかる言葉が増えてきたら、その予想がどんどん確かなものになっていきます。

　そのわかる言葉を増やすには、やっぱり手持ちの語彙を増やすことです。でも単語を覚える勉強、したくないですよね。少なくともわたしは、勉強らしい勉強も、がんばる勉強もしたくない！

　なので、できれば楽しみながら、そして無理なく日常に取り入れられたらストレスもなく、「もういやだ！」とか「がんばりたくない！」と、ならずに続けられるのかなと思います。ということで、わたしが

思う効率がよくて、楽しくリスニングスキルを上げるコツ、「**目で見て聞く**」を紹介します。

リョウコ式「目で見る英語リスニング」

今の子どもたちは英語教育も変わって、話す英語を最初から習っているかもしれませんが、大人のわたしたちはそういう「英語」を学校で習ってきませんでした。英語をしゃべるのも、聞くのもあまり得意じゃないのはしょうがないです。

でもひとつ、わたしたちのすごいことは英語がだいたい「読める」こと。この特技を生かさない手はない！ そこでこの方法です。

1. 英語の映画を、英語字幕で「見える化」する

「英語の映画を英語字幕で観るなんて、むずかしすぎる！」って思うかもしれませんが、**お気に入りの映画やドラマですでに観ていて内容がバッチリわかっているものを、英語字幕にして試してみてください。**

もう内容は知っているので、ストーリーではなくて言葉に集中できて、リスニングの答え合わせを英語字幕でできます。

英語字幕が助かる理由は、まず例えば「フォーリーカヨーティーズ」って聞こえてきたとしましょう。なんのことらやさっぱりわかんないですよね。

　フォーリーは forty（フォーティー）。カヨーティーズは coyotes
（コヨーテズ）で、forty coyotes（40頭のコヨーテ）です。

　「フォーティーコヨーテズ」と「フォーリーカヨー
ティーズ」、全然ちがう言葉に聞こえ
ませんか？　ちなみに、カタカナにし
ちゃうのは、本当に厄介です。**正直、英
語にカタカナをふっているせいで日本人の
英語力向上をダメにしてるって思っているので、
わたしは本当にカタカナ英語が憎いです！**

　字幕なしでは「フォーリーカヨーティーズ」はなんのことだかわか
んないまま、スーッと通り過ぎてしまいます。しかし、そこに「forty
coyotes」と目で見ることができれば、そうやって発音するのか！っ
てわかります。次に「カヨーティーズ」を聞くときは、もう coyotes
だってわかります。コヨーテじゃないですよ、coyotes です。こう
やってカタカナの野郎を、頭の中から取っ払うことができます。

「ワラユーガナ」ってなんの単語？

あともうひとつ、アメリカ英語は特に言葉をつなげて話し
ます。例えば「ワラユーガナドゥー」と聞こえてワラユー？ガ
ナ？ってなると思うんですが、これは「What are you gonna do?

（あなたは何をするの？）」と言っています。**悲しいかな「ワットアーユーゴーイングトゥドゥー」じゃないんですよ。**

　なので、書かれた文字がそこにあると、耳だけではわからなかった発音が聞き取れるようになるし、知らない単語を目で見ることができれば、停止して調べることもできますね。

　映画やドラマの種類にもよりますが、ほとんどが口語なので、実際に使えるフレーズばかり。字幕があれば、それをメモできますし、映像で観ているのでどういうシチュエーションで使う言葉なのかもうわかっていますよね。新しく知ったフレーズや単語を口に出して真似してみて、次に話す機会があるときに使えれば、もうそのフレーズも単語も自分のもの！

「英語字幕」は今も継続中〜

英語字幕で映画を観るのは、今も続けています。もちろん日本語字幕で観たほうが早いですけど、時間があるときや以前観たけどもう一度見たいものは、英語字幕で観ています。

　昨日、もう何度も観ている好きな映画『マネーボール』を観ていたら聞いたことのない単語が出てきました。貧乏で弱かったメジャーリーグ球団のマネージャー（ブラッド・ピット）が、まわりの反対を押し切って、数字に強い経済学部出身の男の子のデータを信じてチー

ム改革をおこない、奇跡の球
団になっていくという実話に
基づく映画です。見ている途
中に「ん？　今の聞き取れな

かったけど、なんて言ったんだろう？」と巻き戻して字幕を見ると
「**ostracized**」と書いてありました。シチュエーションからも推測
できなかったので、グーグルで調べると「**村八分にあう**」っていう意
味でした。

そりゃ、わたしの日常生活では、聞くことも言うこともない単語！

でも、こうして人生で一度も触れたことない単語をスルーすること
なく「知らないぞ、なんだろう？」と気になって、調べたことで、も
う忘れられない単語になりました。「わたし村八分にあっちゃって
〜」って、できれば使う機会がないといいですけどね！

わたしは新しい単語やフレーズに出会うと、思い出して見られるよ
うに、メモします。

2. iPhoneの「メモ」に書いておく

わたしの場合、単語帳を作ってもそのノートを持ち歩かないとまっ
たく見る機会がなくて、せっかくのおニュー単語たちを使わず葬って

しまうので、iPhoneにメモしています。

　新しい単語をメモすると、前にメモしたものを見直せる機会も同時に来るので、その度にもう一度復習できるというわけです。

　ちなみに『マネーボール』を見た数日後、Netflixでブラピつながりで『オーシャンズ11』がおすすめで出てきたので、久しぶりに観てみました。あるシーンで、「何か異変があったら知らせてくれるか」というようなセリフのあとに、返事が「もちろん」だったのですが、

「**You bet!**」
と言っていました。
　これは普段からよく聞くし、理解もしてるフレーズですけど、わたしはもちろんと言いたいとき、「of course」や「sure」や「I will for sure」などを使うことが多くて、そういえば「You bet」って言わないなと思ったので、これもiPhoneに追加！

　このように同じ映画を何度も観ると、そのときどきで自分のアンテナにひっかかる単語やフレーズがちがってくるのもおもしろいんです。

　普段自分が楽しんでいる映画というエンタメで、無理なくゆるーく英会話が勉強できたら最高じゃないですか？　**カタカナは忘れて、訳することも忘れて、耳で聞きながら目に助けてもらう。**この方法で少しでもみなさんが遠回りせずにリスニングができるようになってくれたらいいなと思います。

こう言いたいけど、あってる？

　日本語を考えてから英訳して話すのをやめると簡単、という話をしましたが、わからない単語がある場合でも、自分で知ってる単語でなんとか説明して文章をつくればいいんです。

とりあえず知ってる単語で言ってみる

　新しい経験をすると新しい単語が増えるんだなと思ったのは、アメリカで保護猫を迎え入れたとき。

　アメリカで猫を飼うのははじめて。ということは、今まで使ったことない英語、聞いたことのない単語にぶちあたることになります。猫を動物病院に連れて行くとき、どこの病院がおすすめか友だちに聞いたときのこと。

　**I have to take my cat to an animal hospital,
　do you have any recommendations?**
　**猫を動物病院に連れて行きたいんだけど、
　どこかおすすめある？**

すると「**Oh, to the vet?**」と返ってきました。

「Vet」ってなんだ？と思って調べてみると、「Veterinarian（獣医）」の略でした。

「Veterinarian = Vet」と省略して、しかも the がつく！

外国人のわたしには言いにくい言葉だけど、アメリカ人も略して言うんですね。猫を飼ったことで猫や犬の話をよくするようになり、アメリカでは「Animal hospital（動物病院）」より、「The vet（獣医）」と言っている人のほうが多いことに気づきました。

こんなふうに、**自分の知っている単語で説明したら、もっとバシッとハマる本当の単語を教わることがよくあります。**

自分で勝手に作った単語で言ってみると、「〜のこと？」と言い直して聞いてくれるので、そのときこそ新しい単語が追加されるときなんです。そこを意識して聞き取るのがポイントです。自分が話すのに一生懸命でそれに気づけないと、せっかくの新しい単語をゲットするチャンスを逃してしまいます。

グーグル先生への質問法

　　自分で作ってみた英文が、実際に使われているかどうか調べるのにグーグル先生はとても便利です。わたしは今でも、友だちに短いメッセージを書くときでさえ、言い回しが不安なときは確認のためにグーグル先生に「こう言いたいけど、あってる？」チェックを入れます。例えば、アメリカ人の友だちと、

What were you doing last night?
昨日の夜、何してた？

　とメッセージのやりとりをしていたときのこと。わたしは映画を観ていたんですが、あまりに眠たくて意識が飛んでその後のことをまったく覚えてないと言いたくて、打ち始めた英語が、

I was too sleepy. I remember seeing the dance
** scene and then I...**
すごく眠たくてダンスのシーンを見たのは覚えてるんだけど、
そのあと……

　「そのあと……」まで書いて、言いたい行動のイメージは「意識を失うように寝ちゃった」なんですが、ピッタリの単語が出てこない。

「fell asleep」だと「寝ちゃった」だし、

「fainted（倒れる）」だと、急に気絶した感じ。ちがうんだよな……。

「lost my conscious（意識を失った）」って言うかな？と思ってグーグルしてみました。検索で一番最初に出てくるのは「lost consciousness」。

ということは、「my」をつけるのもまちがい。「consicious」じゃなくて「consciousness」が正しい単語だとわかる。

なので正解の「lost consciousness」で調べ直すと、本当に意識不明になった意味の文章ばかりが出てくる。

ということは、眠たくて意識がなくなったイメージで

「consciousness」は使っちゃいけないんだな……

とわかるわけです。

たったひとつの短い文章ですが、わたしは自分の英文に迷ったら、これくらい調べています。調べると、特にまちがえていた場合はもう使わないですし、ちゃんとバシッとハマる言い方がわかるまで調べるとスッキリします。

　この場合、他の気絶系の単語を思い浮かべて「passed out」ならどうかな？と思って「sleepy pass out」で調べてみるとドンピシャ！「fall asleep」よりももっと思い描いていたイメージの単語でした。

　というわけで、5、6分調べたのち、

I was too sleepy. I remember seeing the dance scene and then I passed out.

と書いて送りました。

　もちろん自分の知っている単語で表現して、通じることもあれば、相手が理解してくれて、それが正しいのか自己流の表現なのかわからないままの場合もあります。

　でも、知っている単語を使って自分で英語を作るのを続けていれば、日本語から訳すこともなくなるし、運よく新しい単語をゲットすることだってできる。

　ひとりのときは、こっそりグーグル先生の力に頼りながら！

ちょっと待てよ?

メッセージしよっと　　　ググ"ろっと

Studying abroad in the states for
the first time

&

lifetime friendship

はじめての
アメリカ留学

と

生涯の
友だち

大学4年生のとき、わたしはアメリカ西海岸ワシントン州のベリンガムという街にあるウェスタンワシントン大学に6ヶ月間の交換留学をしました。

　当時、NHKで放送していた『ビバリーヒルズ青春白書』というドラマが人気で、大学生だったわたしは、「アメリカの高校生って車で学校行っちゃうんだ～」とか、「学校終わったらヤシの木の道でローラーブレードしちゃうんだ～」とか、アメリカのキラキラな学生生活をこのテレビドラマで学んでいました。そんな西海岸の太陽を浴びながらローラーブレードしちゃう学生生活を夢見て渡米したのですが……。

　のちに知ることになるのですが、ワシントン州は西海岸ですが、秋から春にかけて朝は10時くらいまで明るくならず、夕方は4時くらいには暗くなってしまう、霧と小雨で有名で、ヤシの木じゃなくて針葉樹の森で有名な州だったのです。

「理想のアメリカ生活」じゃない!!

　ベリンガムに到着すると、まず歩いている人がいない。ショッピングする通りもなきゃ、キラキラの太陽どころかどんより灰色の空と小雨。寂しい街が広がっていて思い描いていた「アメリカ」とは大ちがい。

　ショックすぎて本当に涙を流してオイオイ泣きました。こんなはずじゃなかった。こんな暗くて寂しい場所に半年も住めない!

　でも立ち直りの早いわたしは、ひと泣きしたら、一旦、日本から到着したことをこの森で遭難する前に大学に伝えなくちゃいけないと思い、歩いて大学へ行ってみることに。

これはわたしの
アメリカじゃないっ!

　当時はスマホもiPadもなく、ささっとネットで調べるなんてできないので、まず道がわからない……。新学期が始まる前で誰もいないし、森の中すぎてどっちに大学があるかもわからない。できるだけ大きな道を歩いて、学生っぽい人をやっと見つけました。映画『魔女の宅急便』のトンボに似ていて、親切そうだから教えてくれるだろうと、思い切って声をかけてみます。

Excuse me, how can I get to campus?

すみません、キャンパスにはどう行ったらいいですか？

するとトンボくんは、

Just walk straight and you'll get there.

まっすぐ歩いて行けば 着くよ。

と教えてくれました。一緒についてきてくれそうと思ったけど、甘かった。トンボくんはすぐにスタスタと歩いて行ってしまいました。まっすぐって言うけど、キャンパスに着いてもそこからも広くてわかんないじゃん！と思いながら歩いていくと、赤いレンガの建物が。たぶん大学……。

いきなり美女と出会う

また道ゆく人に聞いたり、地図をもらったりしながらやっと留学生センターにたどり着きました。半泣きです。疲労とさみしさと落胆でげっそりしていたのか、留学アドバイザーの人が「日本人の女の子が数日前に来て同じ寮だから、その子のお部屋に行ってみたら？」と言ってくれました。

　留学でアメリカに来たのに早々日本人に頼ることになるなんて、ちょっと情けないなと思いながらも英語がしんどいし、予想とちがって田舎すぎたことで精神的にかなりガツンときていたので、とりあえずの手続きを済ませて、来た道を戻って同じ寮のその子の部屋をノックしました。

　「はい？」

　出てきたのはものすごく綺麗なお姉さんでした。背が高くて髪の長いヤンキー風味の米倉涼子みたいな感じ。「今日来たばっかりで、なんにもわかんなくて」と言うと、「え、わたしも来たばっかだよ。英語、全然わからん」とつっけんどんに米倉は言う。それが米倉……ではなく、生涯の友となる土井との出会いでした。

26歳、元トラック運転手

　当時土井は26歳。語学学校に留学に来ているのはほとんど20代前半なので26歳は一般的には若いけれど、ここではかなり年上のお姉さんでした。日本でトラック運転手をしていた土井は、突如英語が勉強したいと決めて、ありとあらゆる大きさのトラックを全国で乗りまわし、2年で留学費用を貯めて、本屋で見たこのウェスタンワシントン大学の語学学校に英語がわ

からないのに、辞書を引きながら手紙を書いて、入学の手続き
のやりとりをしてここまでやってきたという、とんでもない強
い人でした。

　自分一人ですべて準備してここまで来たのだから、英語わか
んないと言いつつもたぶん結構話せるのかなと思っていたら、
本当にまったくしゃべれないことが判明したのが、数日後2人で
近くのマクドナルドへ行ったとき。わたしはいつも日本で食べ
ているビックマックセットを頼んで待っていると、マックのお兄
さんが、

I think she's trying to order 11 medium french
fries, but I just wanted to make sure with you.
この子がポテトを11個って言うんだけど、ほんとかな？

　と聞いてくるのです。「ど、土井さんポテトだけ11個も頼んだ
んですか？」と聞くと「ううん、11番のセット」と言う。どこで
どうやってそれがポテト11個になってるのかよくわからないけ
ど、土井が英語力ほぼゼロだということはよくわかった！

「FREE＝無料」が
わかってない日本人、発見！

　新学期が始まる日、キャンパスでは学生を迎えるための催しで「FREE HOTDOGS」やら「FREE DRINKS」など無料の食べ物や飲み物などが配られていました。アメリカに着いたばかりのわたしと土井も緊張しながらタダの飲み物をもらって歩いていると、土井が「ね、あれ見て」と指を指した先にはホットドッグの前で財布をそのままヌッと差し出している日本人らしき人が。いや絶対日本人。

　アメリカ人学生が大学の名前の入ったスウェットを来てスニーカーやサンダルで行き交っている中、その青年は大学の広場のど真ん中でセカンドバッグを脇に挟んで、夜店のお兄さんがよく着ているワンちゃんが骨を咥えてるあの服を着て立っていました。

　下に合わせているのはビシーッときれいにアイロンがかかったタックの入ったスラックスと黒く光る革靴。角刈り。どこからどう見ても日本のヤンキー。そして青年はどうやら「FREE＝無料」がわからないらしく、財布を開いて札を「とってよ、ねぇ。

わかんねーからとってよ」と言っている。ヤバイのがいる、今度会ったら話しかけてみようと思ったのが、のちに生涯の友となるヤンキーボーイごうちゃんとの出会いでした。

ガッツあるヤンキーボーイの英語力

それからすぐに、スーパーで寿司を買っているさっきのヤンキーボーイを発見（ちなみにアメリカのスーパーの寿司はものすごく高い。でもものすごくおいしくない）。

話しかけてみると、恥ずかしがり屋だけどいいやつ！

どうしてFREEもわからないのにここにいるかを探ってみると、お父さんの仕事仲間のアメリカ人がここに住んでいて、仕事の手伝いでアメリカに来てみたらすごくいいところだった、英語を勉強したいと思うようになって語学学校に申し込んで入学した、とのこと。土井にしてもごうちゃんにしても、ふたりとも英語が話せないのに自分で申し込んで突撃してきちゃうのだから、本当にガッツのあるおもしろい人たちです。この留学で、このふたりに出会ったことは、英語習得よりも何よりも、人生の糧になったなと今は思います。

土井は「しらんよ」「たべん？」と短い言葉でしゃべってくるので、つっけんどんで怖いイメージだったけど、愛知県の三河の

方言でそういう話し方なだけであって、何日か一緒に過ごして
いるうちに世界で一番優しくておおらかな人かもしれないと思
うようになっていました。

　英語は話せないけれど、辞書片手にわからないながらも辞書
に指を指したり、単語を言ったりしてがんばっている。20代前半
で親にお金を出してもらってきている留学生や、わたしのように
大学がすべて準備してくれて来たわけでもなく、安くはない学費
を自分で稼いだお金で払っているから、遊学ではないのです。重
みがちがいます。

　土井とごうちゃんは同じクラスで、わたしは別のクラス。3人
で一緒の授業はなかったけれど、同じ時間に授業が終わると3
人一緒に歩いて寮まで帰っていました。

　帰り道にいろんな話をして、ごうちゃんが定時制の高校を卒
業して、大ファンである的場浩司のやくざ映画に出るのが夢
だったことも知りました。

そんな話をしている
うちに、ごうちゃんに
「誕生日いつ？」と聞か
れて「6月6日」と答え
ると、転がるように大

笑いしながら「ぜってー、うそだぁ！ んなことあるか！」と。

「なんでよ、6月6日だもん、しょうがないじゃん」と言うと「俺も！」と。その日、誕生日が同じとわかってから急速に仲良くなり、留学していた半年の間、6月6日生まれのごうちゃんとわたし、そして土井は毎日のように一緒に遊んで、（それぞれ）勉強して、寮のパーティーへ行ったりとキャンパスライフ in アメリカを経験したというわけです。

Go. would you like a beer?

ごう、ビール飲む？

CAN I GET A SMALL LATTE?

とアメリカ人の友人に聞かれても、最初の頃は「イエス」しか言えてなかったごうちゃんが、半年も経つとカフェで、「Can I get a small latte?」と文章で会話をするようになっていました。しかもごうちゃんは日本で本当に勉強をしていなかったらしく、アメリカではじめて英語を勉強

したに等しいので、とにかく発音がいい。ごうちゃんは英語がス
ラスラ出ない自分にフラストレーションを感じていたかもしれな
いけれど、傍から見ていたわたしは、子どもが英語を勉強するよ
うな吸収力でどんどん英語を身につけて行く姿をうらやましく
思っていました。

　土井も毎日売店でラテを買って、クラスへ行って、学校が終
わったら時間をかけてしっかり宿題をしていました。

　わたしも土井も学校の寮に住んでいたのですが、土井のルー
ムメイトは「ザ・アメリカの女」3人で、それこそ『ビバリーヒ
ルズ青春白書』に出てくるキャラクターのよう。英語が話せな
くて見た目に反してものすごく真面目な土井は、パーティー好き
な金髪ガールたちと気が合うわけはなく、うるさくて勉強が
できないので家にいるのが嫌でしかたないと困っていましたが、
土井は負けません。自分でアパートを契約。寮を出て、パリピ
ガールズたちとグッバイしたのです。まだ知り合って1、2ヶ月
だったけれど、わたしは土井のほわーとした性格の中の芯の強
さを、すでにとても尊敬していました。

ふたりの帰国後

　その後、土井は日本に帰って子どもに英語を教える先生にな
りました。ごうちゃんはさらに数年アメリカで英語を勉強して、

すっかり的場浩司感を消し去り、脱ヤンキーして日本に帰国。コーヒー屋さんを始めました。帰国したときに見にいくと、ごうちゃんは外国人のお客さんとも冗談を言いながら流暢に英語で会話していてかっこよくなっていました。

ごうちゃんは、結婚して一生懸命働く2児のお父さん。たくさん苦労があってもそれを人に見せず、愚痴も言わず、人情深くて熱くてまがったことが大嫌いなヤンキー精神はずっと宿っています。日本でごうちゃんを見かけていても声をかけることなく通り過ぎていただろうし、あのとき異様に目立つザ・ヤンキーの格好でアメリカのキャンパスにいたからこそ出会えたクセ友。ちなみに学期末のテストで「自分の尊敬する人」についてエッセイを書くというのがあったんですが、ごうちゃんに誰について書いたか聞いたら、「Koji Matoba」でした。

土井は見た目は美しすぎて冷たそうに見えるけれど、中身は本当にやさしくて、強い女性。だからこそトラック運転手を務めあげ、毎日コツコツ勉強して、嫌な金髪ガールズにも淡々と対処できたんだと思います。最近は子どもも手を離れて、どうやらソロキャンプにはまっているらしいです。ちなみにアメリカの高速道路で、も

のすごく巨大なタンクローリーを見た土井が大興奮して写真を撮りまくっていたので、この人本当にトラック運転手だったんだなと思いました。

　ごうちゃんと土井とわたしはみんな若くて英語もあまり話せなかったときから20年、ずっと友だち。深い森の中にある、あの大学で、アメリカ人ではなく日本人の生涯の友だちが2人もできるなんて、全く想像もしていませんでした。いつか大人になった3人でベリンガム思い出旅行をしたいです。

学校で教えて
くれなかった!?

アメリカの
リアル
英語

アメリカの大学院に入る

Where there is a will,
there is a way

アメリカの大学院、どうやって入る？

日本の大学を卒業後、24歳のとき、「日本語教育」を学ぶためにアメリカのコロラド大学大学院へ進学しました。ずっと英語教育を勉強していましたが、母国語ではない英語を教えることに限界を感じていたので、大学院ではこれまで学んだ外国語教育の基礎を活かして言語を日本語に切り替えばいいんだと思いつきました。ちなみにアメリカでは修士号を持つと、大学で教えられるようになります。

希望いっぱいで突入した大学院生活は、とにかく勉強、勉強、勉強！　学期末に論文を書きながら、何度泣いたことか。でも一生懸命勉強して、めいっぱい遊んで、あんなに学生らしい学生生活をアメリカで過ごせたことは人生の宝物になりました。そんなアメリカの大学院ってどうやって入るの？って話をしようと思います。

もう書けないっ〜！！

アメリカの大学院では、図書館に住んでるんじゃないかっていうくらい勉強します。本や文献を読む量がすごい。毎週ひとつの授業のために読む本が最低2冊ほど。授業は3コマくらいあるので1週間に6冊は読みます。ただ本を読んで理解するだけでなく、ディスカッションするためには自分の意見や考えをまとめてから授業へ行かなきゃいけない。さらに小論文も書いて……とやることがいっぱい。

「バカ高い学費」という問題

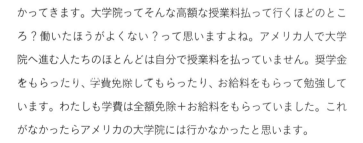

そして生々しい話をすると、大学院の学費がバカ高いから遊んでる場合じゃない！

海外から来た学生は、**年間の授業料が大体400万円くらいします**（当時も今も！）。この400万円は授業料だけで、そこから生活費がかかってきます。大学院ってそんな高額な授業料払って行くほどのところ？働いたほうがよくない？って思いますよね。アメリカ人で大学院へ進む人たちのほとんどは自分で授業料を払っていません。奨学金をもらったり、学費免除してもらったり、お給料をもらって勉強しています。わたしも学費は全額免除＋お給料をもらっていました。これがなかったらアメリカの大学院には行かなかったと思います。

大学院に進むにあたって、大切だと痛感した3つのポイントがあります。

LESSON

3

103

ポイント 1 　大学院の決め方

　大学院は専門分野を勉強するところなので、進学しようと決めたらまず、勉強したい分野が強い学科のある大学院、もしくは一緒に勉強したい教授がいる大学院を探します。

　わたしの場合は「日本語教育学」が学べる学科探し。ネットや図書館で調べました。当時、全米で確か4校くらいしかなかったと思います。そこから、外国人でも学費免除の可能性があるところに絞りました。当時、大学院で勉強していたアメリカ人の友人が「**大学まではお金を払っていくところだけど、大学院はお金をもらって行くところ、勉強は仕事だ**」とずっと言っていたからです。

　4校の中から場所や出願条件などを考えて2校に絞りました。ハワイ大学とコロラド大学でした。

ポイント 2 　お金はどうする？

　日本で奨学金をくれる団体や大学院からも奨学金が出るところもあります。奨学金は返済するもの、不要のものもあります。こうして学費を自分で払わずとも大学院に行くには、まずは大学院が「この人に来てほしい」と思うような学力と経験、研究意欲を持っていることが

決め手です。

わたしがそうだったかと、言われるとそんなことは全然ないように思いますが、アメリカではそれを主張しなくてはいけないと、アメリカの大学院に行っている友人たちにアドバイスをもらい、できるだけそう思ってもらえるように志望動機や研究計画を書きました。

ポイント 3 　計画はしっかり
Plan far ahead!

アメリカの大学院は9月に始まりますが、願書の締め切りは前年の12月くらいです。なので、とにかく出願の準備と受かるまでの時間、受かってから渡米までの時間など、かなり前からしっかり計画しなくてはいけません。行き当たりばったり系のわたしも、さすがに大学院のことは逆算してスケジュールを立てていろいろ調べて、大学時代の教授に推薦状をもらいに行ったりなど、**出願するまで約1年準備**にかかりました。

日本では大学を卒業後、すぐに大学院へ行く人が多いように思いますが、アメリカの大学院は一度社会に出ている人ばかりです。

わたしの学部の年齢層は、下は22歳、上は52、53歳くらいでした。ビジネス系ではキャリアアップのためにMBA（経営学修士）を取りに大学院に戻る人も多いですし、わたしのような教育系は一度教える経験をしてからの人がほとんどです。その分野について、すでに経験や知識があって、それをさらに深めるために大学院へ行くので、大学院

側もすでに土台のある人材がほしいんですね。

TOEFLは足りてないけど？

準備のうちで苦労することのひとつ、TOEFL。 大学や大学院などのアカデミックな環境で必要な英語の世界共通テストです。これがその大学院の基準点に達していないと出願もできません。TOEFLはできれば本当に受けたくない地獄のテスト。アカデミックな英語のテストなので、英語がしゃべれたとしてもむずかしいし、試験がとにかく長い！ なんと約4時間。集中力が切れたら終わりです。だから1回でどうにかいい点数を取らないと勉強しつづけることになります。

わたしは3ヶ月くらい勉強しながら模試を受けたりして、1回決め打ちで行きました。でも、まさかのコロラド大学の出願要件点580点に2点足らず！ でも絶対もう受けたくなかったので「2点おおめにみてくれ！」と願いを込めて、2点足らないまま願書、出しました。

そして見事合格しました。ありがとう、コロラド大学〜！

というわけで、わたしはコロラド大学大学院の東アジア言語文学修士課程に、学費免除で入学許可をもらいました。さらに大学で講師として教える仕事ももらえたので、お給料つき！ 自分の道をしっかり考えたうえで、めんどうくさがりな自分を「ここは大事なところだから」と律して、1年かけて試験勉強、大学院のリサーチ、願書に取り組んで

本当によかったなと思います。いい加減にやっていたり、人に頼って自分で調べたりしなかったら、合格してなかったかもしれないし、合格できていても、したい勉強とはちがう、勉強が辛すぎるなどの理由で中退している可能性だってありますしね。

ハワイ大学は……

あ、ハワイ大学はどうなったの？ですよね。実はコロラド大字の準備に集中しすぎて気がついたらハワイ大学の出願日期限を過ぎていて出せずじまい！　信じられないおっちょこちょいです。

後出しかもしれないですが、土地柄も気候も学校の風土もわたしにすごく合っていたので、コロラド大学に行くことになって本当によかったと思います。

結局、コロラド大学だけ出したのですが、2点足りなくても合格させてくれて、金銭面でも助けてくれた懐の大きなコロラド大学。ロッキー山脈方面に足を向けて寝られないほど感謝しています。

UNIVERSITY OF COLORADO
AT BOULDER

アメリカの恋愛事情と恋愛英語

Saying "I love you" is one of the biggest milestones

まだアメリカ文化をあまり知らなかったときも、アメリカに住んでしばらくたったときでも「え？ そうなの？」と驚かされるのが、日本とアメリカの恋愛事情のちがい。

こればっかりはどれだけ英語が通じて心が通じ合っても、そもそも生まれ持った文化のちがいや習慣のちがいでお互いの「あたりまえ」がぶつかり合うこともしばしば。同じ国でもぶつかりますからね。歩み寄る、理解するというのは異言語でも異文化でも同じ国であっても大切なことだと思います。

デートは同時進行も、お試し期間もあり

ア メリカの恋愛事情でわたしが知ってびっくりしたこと、理解したことを上げていきたいと思います。ただ人によってそれぞれちがうので、アメリカ人のみんながみんなそうとは限りません。

「デート」という言葉は日本でも使います。みなさんが思い浮かべるデートは、いいなと思っている人や好きな人と食事に行ったり、映画

を観に行ったりすることですよね。それが続いていくと、付き合いま
しょうと意思確認をしてカップル成立みたいな流れがスタンダードで
しょうか。多様性の時代なので何をスタンダードとするかは人それぞ
れですが、一応日本では、「出会い→デート→付き合う」みたいな流
れですね。アメリカでも同じようにデートがあります。**デートに行く
ことを「go on a date」と言います**。

I'm going on a date today.
今日これからデートあるんだよね。

みたいな感じです。何回か「on a date」をして、2人で会うこ
とが定番になってくると現在進行形に変わって、

We are dating.
I'm dating someone.

となります。「**わたしたちデートしてます**」、「**デートしてる相手
がいるの**」てな感じです。

「We are dating」ってすなわち付き合ってるってこと？ じゃあ
date から dating に変わるときの「付き合ってください」という言葉は
どう言えばいい？ですが……言わない！ **まず、ないんです、その言葉**。
アメリカではカップルのようによく会っていて、お互いの家に行っ

て、泊まって、いわゆるセクシータイムがあったとしても、まだ彼氏・彼女（または彼氏・彼氏、彼女・彼女）という肩書きをすぐにはつけないことが多いです。

なんなら初期の段階ではデートの相手は1人だけではない場合もあります。まだ約束なしの「**お試し期間**」なので**同時進行あり**なのです。だまされてる、遊ばれてるといった意識もありません。お互いに「あなただけ」の意思確認をするまでは、探り合いながらも、上手に探られないようにしつつ進んでいきます。

お試し期間であっても、もちろん好きだから会っているわけですから、言葉にして気持ちを伝えておくことは大事です。でも「付き合って」という言葉や「好き」みたいなストレートな言葉はまだ早いステージのときは、英語って遠回しに好意を言うのが得意な言語だなぁと思うフレーズがいくつかあります。

I like spending time with you.

あなたが好きと決定的に言わずに遠回りして「**あなたと過ごす時間が好き**」です。うまいね〜！

I have feelings for you.

好きの気持ちがあるとはっきりとは言わずに「**特別な感情があ
るよ**」的な言い回し。いや、うまい！

ちなみに最近コロナで、アメリカでは、デートアプリが主流の出会
いとなっています。なので、何人かとお茶にでかけたりして、だんだ
ん絞っていくのが基本のデートスタイルになりつつあるようです。

誰にする？　コミットするときがくる

し ばらく1人の人とデートして、あるいは何人かとデートしなが
ら相手を1人に絞れてくると、「あなただけ確認」をするとき
がきます（はたまたずっとこないケースも！）。

自分はこの人と真剣な関係になりたいのかを、考えて伝えるときで
す。そのタイミングはそれぞれですし、結構早めに確認をする人もいま
すが、早く意思確認してくる人は焦っていて危険みたいな印象を与えて
しまい、相手に引かれて突然、音信不通になったりすることもあります。

ちなみにそれを「**ゴースティング（ghosting）**」と言います。その名
の通り、おばけ（ghost）のようにすっと消えていなくなってしまうこ
とです。

She ghosted me.

彼女にゴースティングされた（彼女から急に連絡がこなくなった）。

と動詞で使います。

　食事や映画などのデートを何度かして、カップルになることを確認・宣言する流れに慣れている日本人からしたら、あいまいな関係が結構続くなんて耐えられない！　ちゃんと「付き合おう」って言わない相手ならやめたほうがいいんじゃない？なんて思うかもしれません。でもそれは日本の感覚だからそう思うだけで、アメリカではそうではないんです。

　アメリカから日本を見たら「相手のことをちゃんとわからない段階で、そこまで決めるのは危険じゃない？」って思うかもしれません。わたしの感覚では、アメリカ人はこの人1人だけにしますと決めることを真剣に考えているからこそ、**早く別れてしまわないためにも時間をかけてコミットするかどうかを決めている**んじゃないかなと思います。あ、でもハリウッドセレブなんかはデートの期間なくいきなり結婚して、速攻で離婚したりしてますけどね。

　では実際にどうやって「あなただけにコミット確認」をするかです。友人や家族に会わせるというのが関係性をはっきりさせなきゃいけないモーメントのひとつ。だって紹介するときに突然名前だけ言わないですよね。「友だちの○○」と言うか、「彼女の○○」と言うかですよね。紹介されたタイトルで「あ、そうか、わたし彼女っていう立場なんだ」と

相手の気持ちを確認できて、その後に「さっき彼女って紹介してくれた
けど、じゃあ、あなたはわたしの彼氏ってことでいい？」なんていう流
れで「あなただけ確認」をすることが多々あります。

Am I your girlfriend?
わたしってあなたの彼女ってこと？

紹介されたときに「彼女の○○」「彼氏の○○」と言われたら、その
あと一応確認するために言う言葉ですね。先に書いたように「あ、そう
なんだ」で何も言わずに自分の中で確認して、そのあとこちらも紹介す
るときに「彼女の○○」と言い始めることもありますね。でも、はっき
りしたい人はこうやって言って確認します。

Are we exclusive?
わたしたち、エクスクルーシブってこと？

「Exclusive」は日本語で言うと「専門」「限られている」という意味
です。バシッとこの恋愛英語に当たる日本語の表現がないのですが、
「他の人とは会わないでお互いだけ」という意味です。契約のときにも
他とは取引しないという感じで使います。

Are you seeing anyone else?
誰か他の人ともデートしてる？

これは暗黙の了解も、どっちつかずの感じももう嫌で、はっきりさせたいときの質問です。これを聞くことで関係が壊れるリスクもあるので、ちょっと怖い言葉とも言えます。

Yeah, I am. 　うん、他にもいるよ。

と言われたら、じゃあわたしたちってどうなるの？などとシリアストークになり、1人に絞れないならもう友だちに戻りましょうの流れになる可能性もありますしね。

No, you're the only one. 　いないよ、あなただけだよ。

それなら、

I'm not seeing anybody either. 　わたしもいないよ。

で、「じゃあエクスクルーシブってことでいい？」っていうハッピーな流れに。他には会話の端々に、

I'm not seeing anybody.
わたしは他に会ってる人は
いないんだよね。

ON A DATE → DATING → EXCLUSIVE

　と「他にはいない、あなたしかいない」アピールをしながら、わたし
はあなたに絞る準備できてますを匂わせることもあります。それで相手
の反応をうかがう感じですね。ほかにも折を見て、

Where is this relationship going?
この関係って、どうなっていくやつ？

　とはっきり言うケースもあります。この「コミット確認」のフレー
ズ、書いてるだけで緊張して疲れてきました。

　なんでもはっきり言う傾向にあるアメリカ人がこれだけにごして遠回
しに表現したりするっておもしろいですよね。そのくせ「婚前契約」と
いって、離婚したときはどうするかって結婚前に決めちゃうストレー
トさもありますしね。恋愛も結婚もところ変われば、です。

LESSON

3

「I Love You」という言葉

映画や洋楽を聞いているとよーく出てくる「I love you」。以
前、日本人の友人がアメリカ人の女の子のことを好きになっ
て2度ほど食事に出かけた後、「好きだから付き合って」と言いたくて
「I love you」と言ったら、顔を引きつらせながら「…Thank you」と
言ってくれたものの、それから一切連絡がなくなったという話を聞い
て、ぶっ飛んだことがあります。

アメリカ人にとって、「I love you」は、かなり重い言葉です。カップルでも「よし、今日言うぞ」と結構覚悟を決めて言う言葉。言ってみて、相手が同じように返してくれなかったら大ショック。言われたほうも同じ気持ちでいつか言おうと思っていたらすぐに「I love you too」と言い返せるかもしれませんが、重い言葉なのでびっくりしてフリーズしてしまうこともあります。

それくらい重い言葉ですが、一度言い合うと急に軽くなってあいさつのように普段使いできるように早変わりするのですから、なんとも不思議な言葉です。

こんな感じでアメリカの恋愛のステップは、日本のとはずいぶんちがっています。

海外の映画やドラマを見ているとなんとなく「好き→付き合おう」という日本の王道恋愛ステップとはちがうな〜と感じていた人もいるかもしれません。もちろん人によってちがいますけどね。

アメリカでは当たり前なので説明することもなく表現されていた遠回しなフレーズや同時進行にまつわることに、ラブコメディや恋愛系の映画やドラマで気づけるようになると、ますますおもしろくなるかも。

恋愛系で使う フレーズ 6

♥ **ask out**   デートに誘う
Adam finally asked me out.
アダムがやっとデートに誘ってくれた。

♥ **flirt**   イチャイチャする
I heard Ben was flirting
with a girl at a bar last night.
昨日の夜、バーでベンが女の子と
イチャイチャしてたって聞いたよ。

♥ **make up**   仲直りする
I finally made up with Christine.
やっとクリスティンと仲直りした。

💔 **break up**   別れる
I broke up with my boyfriend.
彼氏と別れた。

💔 **dump**   振る
My girlfriend dumped me.
彼女に振られた。

💔 **cheat**   浮気する
Daniel is cheating on Ellen.
ダニエルはエレンに隠れて浮気している。

Daniel is cheating on Ellen with Fiona.
ダニエルはエレンに隠れてフィオナと浮気している。

英語を話すときは
「体の動き」が変わっちゃう？

Learning English is not only the language, but the culture around it

　不思議なもので英語を話すときには、英語を話すとき用の体の動きになってしまうものです。

　英語のレベルが初級でも上級でも英語を話す人はだいたい英語ボディになっているんですよ。これはわたしも自分では気づいていなかったことですが、人に言われてからまわりを観察していて「あー、ほんとだ！」とわかったことです。言語と体の動きは無意識にリンクするものなのかもしれません。

shrug —— 「うーん、困った」のあのポーズ

　代表的なものに「I don't know」のときに肩をすくめる動き。あのジェスチャー、ちゃんとそれ用の単語があります。「shrug」と言います。

I DON'T KNOW!

「I don't know」って言うとき、自然に肩を

すくめませんか？ たぶん映画やドラマ、あとは実際に外国人と話した
ときにそのフレーズと動きをセットでインプットされているってことで
すよね。やっぱりただ耳で聞いているより、見て、動いて、真似してっ
ていう体で覚える英語って完全に自分のものになった感ありますよね。

　いくつか英語を話すときに出てくる体の動きやジェスチャーをあげ
てみますね。

handshake —— 自己紹介の定番

　人に会うとき、一番はじめにする
ことです。**アメリカでは、はじめ
て誰かに会って自己紹介するとき
99％握手します。** ビジネスシーン
のみではなく、友だちでも会食パー
ティーでもBBQでも男性女性関係
なく、どんなシチュエーションでも
握手します。日本に帰国してから
も、しばらくは手を差し出すクセがどうしても抜けなくて困ったくら
い「自己紹介＝握手」が定番です。しっかり目を見てぎゅっと握手し
ましょう。

hug —— ドラマでもおなじみ！

ドラマや映画で友人、家族がハグをしているのを見たことがあると思います。**会うときと別れるときにします。**数人の場合は、時間がかかっても全員と順番にするんですよ。久しぶりに会うとそのハグはさらに強く大きくなります。ハグははじめましてのときはしないんですが、ずっと共通の知り合いがいて、話を聞いていてやっと会えた人などは、はじめてでもハグする人もいますね。

そしてバイバイするとき、しばらく会えないとなるとこれまた強く長くなります。頻繁に会う友だちだと「Hey!」と手を上げて終わりだったり、さようならも簡単に手を振って終わりだったりします。次は英語ならではの独特なジェスチャーを挙げますね。

SO-SO —— うーん、イマイチ

「まぁまぁ」の意味で、中学で習う最初のほうの単語なのでよく知られていますよね。手のひらを水平にして、ヒラヒラさせると「SO-SO」のジェスチャーです。「SO-SO」ってちょっとネガティブなニュアンスがあるからか、**声に出さずにこっそりジェスチャーだけする場合も多い**ような気がしています。

How is your pasta?　パスタ、おいしい？

〜ヒラヒラ〜

レストランで食べているときに、頼んだ食事の
感想を聞かれて、でもイマイチ……。そんな
とき、レストランの人に聞かれないように
手をヒラヒラさせてこっそり「まぁまぁ」
を伝えられます。

ヒラヒラ

air quotes ── 引用するとき

クイッ！　クイッ！

両手の人差し指と中指を同時にク
イクイと曲げる仕草で、クオーテー
ションマーク「"○○○○○"」を表
しています。**誰かの言葉を引用する
ときや強調したいときに使います。**

66　　　99

でも何気に一番多い使い方は、ちょっと皮肉っぽく誰かの言ったこ
とを言うときかも。

　例えば、サウナに数回しか行ったことがない誰かが「サウナにめっ
ちゃ行く」と大げさに盛って話しているのを聞いたとき。

He says he goes to saunas "a lot".

LESSON

3

「a lot」のとこで、クイクイとすると、「**サウナに めちゃ（a lot）行くらしいよ**」となります。「a lot」を信じていないので、わたしの言葉じゃないよ、その人が言うにはね、という皮肉が込められていると言うわけです。

high five —— 「イェーイ」のハイタッチ

日本で言う「ハイタッチ」です。5本指だからfive。なにかうまくいったとき、おもしろい冗談を言ったときなど「**よくやったね、イェーイ！」の意味**で相手と手を高く上げてパチンとします。

誰かが「high five」をするための手を上げて待っているのに、それに気づかないと、その手をすっと下ろすしかない悲しい事態になるので、しっかりキャッチしてパチンとしてください。誰かがナイスなことをしたときはこちらから手をあげてしっかりほめたたえてあげてくださいね。

come here / go away
—— あっち行って？ こっちきて？

高校生のときにホストファミリーの男の子に「こっちきて」と手招き

したら、ちょっと嫌な顔をしてどっかへ行ってしまって、呼んでるのになんで行っちゃうの？と思ったことがあります。

日本の「こっちきて」の手の甲を上にして手招きするジェスチャーはアメリカでは「Go away（どっかいって）!」なんです。「Come

here（こっちきて）」のときは手の甲を下にして手招きしなきゃいけません。そりゃ「Go away!」って言われて手でシッシってやられたら嫌な気分ですよね。当時は英語も話せなきゃ、そんな仕草も知らない小娘だったので……ごめんなさい！

money —— お金のことなんです

日本のお金は人差し指と親指で丸を作る仕草で表しますが、アメリカ**は手の甲を下にして、親指、人差し指、中指の3本でこする仕草**をします。日本は硬貨、アメリカは紙幣を表してるんでしょうね。ちなみにお金を湯水のように使うことを表したいときは、日本の手裏剣を手のひらからシュッと出す仕草、あれをします。

check, please!

──チェックって何？

お店でお会計をお願いするとき、日本だと指でバツをして「お会計お願いします」を表しますよね。**アメリカではペンで書く仕草をします。** 今はカードの時代ですが、前は小切手（check）を使っていて、小切手はサインをすると有効になるので、「お金を払う」と言う意味で小切手にサインをするジェスチャーをするんです。カードの支払いでもサインしますしね。

crossed fingers ── がんばって！

クロスさせた指という訳ですが、まさにそのまま。ピースした状態から人差し指と中指を絡ませるポーズです。**「応援してる」「がんばってね」「祈ってるよ」** などのときに指をクロスさせながら、こう言います。

I'll keep my fingers crossed! うまく行くように祈ってるね。

Cross your fingers for me. 成功を祈っててね。

knock on wood ── 「セーフ」のおまじない

「木をノックする」という訳で、本当に木材でできたものを見つけてコンコンと2度叩くアクションです。いわゆるおまじないなんですが、**悪いことが起きないようにしたいときにするジェスチャー**です。例えば、「コロナにまだかかってないんだよね」と言ってる人が数日後に感染したなんて、まわりにいませんか？

そんなとき「I haven't got Covid yet」のあとにすぐに木のテーブルをコンコンとしながら「Knock on wood!」と言えば、「セーフ!」みたいな感じですね。連勝続き、幸運続きみたいな話を人にした後にそれが話した途端ストップしないようにおまじないをかけるっていうわけです。

LESSON

3

eye - rolling ── 「あきれちゃう〜」のあの顔

目を回すという意味ですが、両目で上を見る仕草です。「あきれた」という意味です。**会話をしていて、そのあきれた気持ちを相手に見せるときにします。** 直接苦情を相手に顔で伝えるわけですから、結構勇気がいります。自然に出てくる苦笑いや怒った表情とはちがって意志を持ってやることなので、アメリカに長く住んでいたわたしでもこれ

をやるのは、すごく英語モードになっているときです。使い方はこん
な感じ。

He rolled his eyes when I told him
I want to be a singer.
歌手になりたいって彼に言ったら、
あきれられた。

Don't roll your eyes at me!
あきれた顔しないで！

phew —— 「焦り」を伝えるとき

「Phew（フュー）」と言いながらおでこの汗を拭く仕草をします。
焦ったけど、大丈夫だったときに使います。

I was almost late for a
meeting, but phew, I made it!
打ち合わせに遅れてたけど
めちゃくちゃ走って、フュー、
間に合ったんだよね。

こんな感じで「phew」って言いながら使います。

　英語を話すときは自然と体の動きもなんだか英語っぽくなってくる
ものですが、こういった単語に合わせたジェスチャーや握手やハグな
どをさらりとできるようになると、また文化を知ることができて、そ
れが英語力のアップにつながると思います。

　言語はコミュニケーションのツールであって、理解できる、話せる
にこしたことはないですが言語を使ってその人のことを知る、その国
の文化を知る、ちがいを知ることで、自分の視野や考えが広がってい
くんじゃないかなと思っています。

LESSON

3

日本人が
使い方をまちがっている英語

英語で話すとき、最初は自分が話すことでいっぱいいっぱいだと思うのですが、少しずつ話すこと、聞くことに慣れてくると、相手の言葉の使い方や言い回しなどに気づく余裕が生まれます。すると、こういうシチュエーションのときはこんな言い回しをするっぽいな、と気づき始めます。そして、今度は使ってみる。こうやって新しい単語や言い回しが自分のものになっていきます。それが生きた英語の習得なのだと思います。

新しいことは取り入れやすいですが、**すでに学校で習って「正しい」と思って使ってきた表現や単語は、まちがいだと気づいて変えるのは時間がかかります。** わたしも学校でそう習ったからと使い続けていて、数年かかってやっとまちがいに気づくこともたくさんありました。その中からわたしもまちがえていたこと、日本人がよくまちがえていると思うことをいくつかピックアップしてみます。

「Nice to meet you」の返事は?

はじめて人に会うときに使う「Nice to meet you」。「はじめまして」とか「お会いできてうれしいです」って訳しま

すよね。その返事として「わたしもです」と言いたいとき、わたしもですだから、答えは「Me too」。

と思いきや、そうではないんですよ！「わたしもです」は「Me too」って習ったのに！です。

　この場合は「You too」になります。英語は絶対に主語がいる言語だって前にも書きました。この場合はわたしでもあなたでも彼女でもなく、一般的な話をしている場合に使う「It is」です。なので「Nice to meet you」は省略されているだけで、全貌は「It's nice to meet you」なのです。

　だから、ここは「 Nice to meet you too 」と返事をしてもいいし、同じことを繰り返すのがまどろっこしかったら、最後の部分だけの「You too」とも言います。なので、もし「Me too」と言うと「Nice to meet me too 」って言っ

ていることになります。わたしもわたしに会えてうれしいです、ってなんのこっちゃ！

　はじめて会って、「Nice to meet you」と挨拶して時間を過ごして、さようならをするとき。ただ

「Bye」とか「See you」だとちょっと冷たい印象です。「このはじめての出会い、さっさと終わらせて帰ろー、感想なし！」っていう感じがします。

　ネイティブははじめて会った人に対して、別れぎわに、

(It was) Nice meeting you!

と言ってさようならをします。「会えてよかったです」の意味ですね。このときの返事も「You too」なのでおまちがえなく。

LESSON

3

「遊ぶ」はプレイでいいの？

はじめて会って、次に遊ぶ約束をするとき。遊ぶは「play」と習ったので、「今度遊ぼう！」と言いたければ「Let's play soon!」と「Let's play」を使って作りたいですよね。**でも生の英語では「play」は、物を使って遊ぶイメージなんです。**だから「Let's play」って言われてると「何を使って遊ぶの？」って思われてしまいます。

　会ってごはんを食べに行ったり、カフェでお茶したり、飲みに行ったりとか、そういう種類の遊ぶ、のときは「**hang out**」を使います。使い方の例はこんな感じ。

Let's hang out soon!　今度遊びに行きましょう！

We should hang out!　今度遊ぼう！

Do you want to hang out today?　今日遊べる？

When can we hang out next?　今度いつ遊ぶ？

I'm going to hang out with my friends tonight.
今夜友だちと遊ぶ予定です。

いいえ、なのに Yes ？

日本語で「寿司好きじゃないよね？」と聞かれて好きだった
とき、「いいえ、好きです」と言いますよね。ならば「No, I
do」……とは、英語ではならないんです。

　日本語の場合「いいえ」の部分はあなたの言っていること正しく
ありませんと最初に否定してから、その後で正しい事実を述べてま
す。でも英語では、「Don't you like Sushi?」と聞かれたら「Yes,
I do」か「No, I don't」です。シンプルに、好きか、嫌いかという
質問に答えるだけです。

　アメリカに住んでいて日本に一時帰国した際に性格適性テストを
受けたことがあって、質問が「死にたいと思ったことはない」など
否定の質問の答えで、日本語では「はい、思いません」なのですが、
英語の頭で「No, I don't」のいいえで答えてしまって、とても情緒
不安定という結果をもらったことがあります。

日本語の受け答えそのままで英語に当てはめて「No, I do」や「Yes, I don't」と答えると、ネイティブはどっちやねん！と混乱してしまうので、必ず前と後ろの一貫性を持たせて答えましょう。

趣味はなんですか？

　会ったばかりの人との会話を広げるのに便利な趣味の話。「What's your hobby?」習いましたよね。しかーし！そんな便利な趣味についての話の場合、「What's your hobby?」はあまり使いません。いや、あまりどころか聞かれたこともないかもしれません。

　英語が話せるようになった今、「What's your hobby?」って聞かれたら「ホビー？ おもっ！ そんなちゃんとしたホビーはないですね」って答えると思います。**ホビーってすごく凝っていて何かを収集してるイメージ。**だから映画鑑賞とか気軽に言えない感じがします。
　じゃあどう言うの、ですが「What do you like to do?」のように「好きなことって何？」と聞くのが一番カジュアルで、重くないです。答え方としてはこんな感じ。

I like going to saunas.　サウナが好きです。
I watch lots of movies.　たくさん映画を観ます。

「Hospitalへ行く」はだいぶ深刻

重 いつながりでもうひとつ。病院を英語で言うと紛れもなく
hospital です。

なので、病院へ行くなら「I'm going to the hospital」でしょ
と思いますよね。でもめったに言わないんです。

えー！ですよね。「hospital に行く」と言うと、なんだかものすご
く深刻で大変な病気なんだと思われてしまいます。英語でhospital
のイメージは、大きな手術とかバンバンやっている総合大病院。風
邪をひいた、発疹ができた、目がかゆいとか日本で普通に「ちょっと
病院に行く」ときに使うのは「I'm going to see the doctor」お
医者さんに見てもらうという意味ですね。

ちなみに病院でもらった薬を飲むとき。「飲む」ですが、「drink the
medicine」ではありません。薬を飲むときは「take」を使います。

I'll take my medicine at 10 pm.
午後10時に薬を飲みます。

Take 1 pill after each meal, 3 times a day.
1日3回、食事の後に1錠飲んでください。

予約には種類がある

日本語では予約は予約、でも英語だと予約する先によって単語が変わります。例えば**病院の予約は appointment です。でもレストランは reservation。appointmentは人に関係する予約、そして reservation は場所とかモノを予約するとき**に使います。

I have a reservation at a Michelin-Starred restaurant tonight!
今夜、ミシュランの星つきレストランの予約が取れたの!

I forgot my appointment with my dentist yesterday.
昨日歯医者を予約してたのに、行くのを忘れた。

I made a reservation for a private sauna for tomorrow.
明日、個室サウナの予約をしてあります。

指切りの約束と予定の約束はちがう

友だちと約束があるとき。約束は promise と習ったので、「I have a promise with my friend」とか「I promised my friend for dinner」と文章をつくりたいですよね。

でも英語の「約束（promise）」は指切りで誓ったような約束のことを言います。なので promise を使うのは、「君を絶対に泣かせないと約束する（I promise never to make you cry）」みたいなときです。**では、ごはんの約束などの約束はどう言うかというと、「plan」です。** 簡単ですね。

I have plans with my friends tonight.
今夜友だちと約束がある。

I already have plans dinner.
今日はもう夜ごはんの約束があるんです。

他にも約束なんて言わなくてもシンプルに、

I'm going out with my husband tonight.
今夜、夫とデートなんです。

I'm busy today.
今日はいそがしいんです。

I'm meeting my friend tomorrow.
明日友だちと会う予定です。

質問として聞くときも promise は使いません。

Do you have any plans for tomorrow?
明日は何か予定ありますか？

What's the plan for today?
今日の予定ってどんな感じ？

What are you doing this weekend?
今週末って何してる？

マンション＝超お金持ち!?

日本語だと、マンションは立派な作りでたくさんの戸数がある。アパートは木造で戸数が少ない。そんなイメージですかね。英語でもマンションは大きくて、アパートは小さいです。でも桁ちがい。マンションは城くらいの大きさの家を指します。ディズニーランドにホーンテッドマンションありますよね。あのイメージのデカさです。なので「I live in a mansion」というと、王族!?と思われてしまいます。超高級、高層マンションでも木造の戸数が少ないアパートでも英語では「apartment」と言います。

ファーストフードにフライドポテトはない？

日本に帰ってきた直後、そして日本に滞在してからアメリカに戻った直後、どっちの場合もこんがらがっていたのが、ファーストフードの店のフライドポテトの言い方。

　日本でポテトは、フライドポテト（fried potatoes）と言います。**アメリカでは「french fries」です。** 英語で「fried potatoes」と言うと、ファーストフードのポテトではなくて、ざっくり大きく切ったじゃがいもを油で揚げたものです。

　なので、アメリカに住んでいたときはメニューを見て日本語と英語がごちゃごちゃになってしまうことがよくありました。ちなみに「french fries」は「fries」と省略されることもよくあります。

ビニール袋ください？

コロラド州に住んでいたとき、よく週末に遊びに行っていたクラブが「Vinyl」と言う名前でした。発音はカタカナ読みすると「バイナル」。

Let's go to Vinyl this weekend.
今週末、バイナル行こうよ。

てな感じです。ずっと造語かなにかだと思って気にしたことがなかったんですが、ある日「Vinyl」って意味あるのかな〜と思って辞書で調べたら、まさかの「Vinyl＝ビニール」でした。

あのかっこいいクラブの名前が、ビ、ビ、ビニールなの!?

そこではじめてビニールの英語が vinyl だと学んだわけです。

じゃあ買い物をするとき、ビニール袋くださいって言うときに「Can I have a vinyl bag?」かというと、バイナルって言わないんですよ。袋は「plastic bag」と言います。

じゃあ、バイナルはいつ使ったらいいの？って話ですが、Vinyl はアメリカではレコード盤を指す言葉。そっか、あのクラブはビニール袋じゃなくてレコードっていう意味だったんだ、ってだいぶ経ってからわかりました。

「Sorry」と「Excuse me」はちがう

「Sorry」は謝罪、「Excuse me」はちょっと失礼します、って学校でも習ったと思うんですが、どうも日本人は謝罪じゃないときでも「sorry」を使いがちな気がします。「Thank you」という場面でも「sorry」を言っている人も多いですが、**なにか悪いことをしてこちらに非があって謝罪するときに使う言葉が「sorry」です。**

そこの人、ちょっとすいません、ちょっと通ります、ちょっと失礼します、のシチュエーションや、咳やくしゃみをしたときなどなどは、全部「excuse me」です。

ちなみに例えば2人で一緒にいて誰かにどいてもらいたいときは「excuse us」と言います。me じゃなくて us 複数です。

「Oh my god」は 宗教的に使わないほうがいいことも

宗教によっては、神様の名前を気軽に言うことを嫌がる場合もあるので、念のためオーマイゴッドを使いすぎないほうが、安全かもしれません。英語には悪い言葉を上手に言い換える言葉がたくさんあります。

例えば「Oh my god」の不快にさせない安全バージョンは、

Oh my goodness.

Oh my gosh.

「Shit（クソ）！」もちょっと汚いので、「shoot」と言い換えます。「dammit」もちくしょうみたいな意味なんですが、「dangit」と変えます。「f○cking」も「very」みたいな意味で使いますが、これもとても汚いので嫌がる人もいます。なので、「freaking」に変えたりします。

とはいえ、ものすごく汚く「f○cking なんとか〜」って日常使いをしてる人ばかりですし、その加減はむずしいのですが、第二言語で英語を話しているのに汚い言葉だけ一丁前に言うのはなんだかなぁとわたしは思うので、基本的に、安全バージョンを使っています。

Come or Go どっちがどっち？

　これはまちがっているというより、日本語と英語が逆なので直訳するとおかしくなってしまうものです。「ごはんだよ〜」とお母さんに呼ばれたとき「今行く〜」と返事しますよね。自分が行くので「I'm going」と言いたくなりますが、この場合は「I'm coming」なんです。**話している相手、もしくは自分のどちらかがいるほうへ行くときは come を、そして自分も相手もいない場所へ行くときは go を使います。**

I'm coming to your house at 8 pm.
8時にあなたの家へ行くね。

これは、相手の家へ行くから**come**ですね。

What are your plans for the holidays?
冬休みは何するの？

I'm going to the UK for Christmas.
クリスマスはイギリスに行くよ。

「冬休みは何するの？」という質問なので、相手も自分も同じ場所で話しているためここは go ですね。

My family is coming to Seattle from Japan
next week.　来週、家族が日本からシアトルに来るよ。

come を使っているということから、自分がシアトルに住んでいて来週日本の家族がシアトルに来ると伝えているのがわかりますね。

というわけで、**come** と **go** を使い分けなきゃいけないのですが、これも日本語から直訳するからこんがらがるわけで、英語で考えて話していれば感覚で身につくようになります！

Couldはくせ者！

Can の過去形は could。こう習いませんでした？ なので、can はできる、could はできた、と使いますよね。だからシンプルに、

I could go to the supermarket right
before closing time last night.
昨夜、閉店ぎりぎりにスーパーに行けた。

という具合に過去のできたことに can の過去形として could を使っていました。

でもこれ、アメリカに住んで数年経ったときに、「なんかちがうかも？」と思い始めました。**couldはただの過去形ではない**っぽいのです。

過去のことを話すときにアメリカ人がどう言うかを観察していると、could は使わずに、「was able to」を使っていることに気づきました。とりあえず、昨日できた、みたいなときは could ではなく、「be動詞 + able to 」を使うのが正解だということがわかって、一旦 could 使いを全面的にストップして、全部 able toに切り替えました。

じゃあ could はどんなときに使ってるんだろう？と、ひたすら
couldが出てくる場面を注意深く観察していると、なんとなくわ
かってきました。どうやら大きくこの2パターンらしいぞと。

> パターン ①
> **過去に能力があったけど、今はできないことを話すときに使うとき**

> パターン ②
> **まだ起こっていないこれからの可能性の話のとき**

パターン ①

I could run a half marathon in under 2 hours
when I was in my 20s.
20代のときはハーフマラソンを2時間以内で走れた。

I could play baseball well when I was in
high school, but I can't now.
高校生のとき野球がうまかったけど、今は全然できない。

前はできた、でも今はできない、っていう能力的な話をするとき
に使う場合ですね。

It could rain tonight.　今夜雨が降るかも。

We could go to the new bar near my house.
うちの近くにできた新しいバーに行ってみるのもいいかも。

I don't think he likes sushi, but I could be wrong.
彼は寿司好きじゃなかったような。ちがうかもしれないけど。

You could take a taxi if you miss your last train.
終電逃したら、タクシーでも帰れるし。

　わたしの観察の結果、**could を使う場合はこのパターン②のほうが圧倒的に多い**ように感じました。過去形として使っていたcouldが、まさかのまだ起こっていないことを話すときに使う言葉としての役割の方が大きかったとわかって、結構衝撃でした。

　でもよく聞いているとすごく使われています。これを使いこなせるようになると、英語がかなりアップグレードできるように思います。

　ここに挙げたのはちょっとした一例ですが、今でもたぶん使い方をまちがっていて、でも気づいていない言い回しや単語ってまだあると思います。でもそれを自分で気づいて、理解できたときの爽快感は最高です。

学校で習わなかった
you の話

"You" is not always directly about you

「You」の活用法

英語が話せなくてもだいたい誰でも知っている単語、you（あなた）。実は学校で習っていない you の使い方があります。しかも、よーく使います。この you の使い方、これがわかると、言いたいことがもっと言えるようになります。今から you だらけになるので、you 疲れしないようにしてくださいね。

　日本語は主語を省略できますが、英語は必ず主語が必要です。わたし、あなた、彼、彼女、彼ら、誰々さんなど「誰」と特定できる人を主語にするときは簡単です。じゃあ、もっと一般的な話をする場合はどうするか。

　例えば、「電車に乗るためにはお金を払わなきゃいけません」と言いたい場合。日本語で書くと主語はないし、これは一般的な話なので、誰って言えないけど、払うのは人間だから it じゃないし、でも英語だからやっぱり主語を最初に入れなきゃいけない。どうする！

　こういうときは「you」なんです。

You need to pay to take the train.
電車に乗るためには、お金を払わなきゃいけません。

　電車に乗るときにお金を払うのは「あなた」だけじゃなくて、誰でもです。誰でもの話のときは you でいけます。you のおかげで、「It isなんとかなんとか」っていう、むずかしくて堅苦しい英語を作らなくてすむんです。you 有能！

　雰囲気をつかむためにいくつか例文をあげますね。

If you tell the truth, you don't have
to remember anything.
本当のことを話していれば、何も覚えておく必要はない。

　マーク・トゥエインの名言のひとつです。日本語だと主語なしで書けますが、英語だとやっぱり主語が必要で、「あなた」に言ってるわけではないけど、一般論としての「you」です。

How do you spell "sauna"?
サウナのつづりって、どう書くの？

　サウナのつづりは「あなた」だけが知っていて「あなた」だけがそう書くだけじゃないですよね。一般的にみんなです。だからこのときも you！

主語がはっきりしないときに使える！

　All you need is love.
　有名なビートルズのあの曲。日本語タイトルは「愛こそはすべて」。**主語を「愛」にしようとすると、こんがらがりますが、you にしちゃえば簡単**。

　話し相手の言葉の中に you が入っていると、自分に言ってるんだなとか、一般的な話をしてるんだなと、ふわっと理解すると思うんですが、自分が話すときに you を使えるようになると、今までどうやって言えばいいんだろうと思っていたことが言えるようになったり、「It is 〜構文」を使っていたりしたのも、全部すごくナチュラルな口語で話せるようになります。

　わたしも主語がはっきりしないときに you を使えるようになって、言いたくても上手に言えなくて諦めていたことが、you で簡単に言えるようになりました。結局は、主語を決める、動詞の時制を決める、あとはつなげていくだけ、とシンプルに考えるだけで、だいぶ楽になりました。もっと早く学校で教えてほしかった！

清水みさとさんに聞いた！

30歳からのイギリス語学留学のリアル

サウナを通じて出会った大切な友人でもあり、仕事仲間でもある清水みさとさん。清水さんが突然、「わたし、もう行くことにする！ イギリス行く！」こう宣言して、仕事の調整をして1ヶ月語学留学でイギリスへ。仕事をする30歳の女性が思い切って休みを取って、まったく環境のちがう世界へ飛び込むというのは、簡単に決められることではありません。清水さんに、一歩踏み出せたきっかけ、留学の手続き、そして何を学んできたか、どう変化があったのか、聞いてみました。

y of

English

30

清水みさと 俳優、タレント。サウナ好きが高じて、「サウナイキタイ」ポスターモデルをはじめ、ラジオ『清水みさとの、サウナいこ？』（AuDee／JFN全国21局ネット）のパーソナリティーを務め、TBS『世界ふしぎ発見！』など多方面で活躍中。近著に『サウナのプリンセス』。

MISATO SHIMIZU

149

留学を決めたきっかけは？

そもそも、英語はずっと話したいと思ってました。それでちょこちょこ勉強はしてたけど、なかなか継続するのはむずかしかったんです。あとは、いつか留学してみたいなと漠然と思ってましたけど、やっぱり自分が留学できるとは思ってなかったです。だから、YouTubeで自分に合う勉強法を見つけて勉強してました。自分に合う方法がわかってくると、英語が楽しくなってきたんですが、やっぱり目標がないとモチベーションがなくて。

そんなときに「スカイスパYOKOHAMA」で開催されたアウフグース日本大会をリョウコさんと一緒に見に行きました。外国から審査員も数人来ていて、審査員のひとりのパンさんという方とおしゃべりをする機会があったんです。パンさんはマレーシア人でデンマークに住んでいて、自分のこれまでの人生を英語でわたしたちに話すんですけど、よく聞いていると英語が結構デタラメで（笑）。

文法もまちがってたりするのに、すごくしゃべる！　わたしが思ってた英語ってもっと完璧だったので、逆に、「完璧じゃなくてもいいんだ！」ってパンさんのおかげで英語のハードルが下がったんです。あとはわたしも聞くだけじゃなくて、2人の会話に入って話したかったっていうのが大きかったです。

留学先はどう決めたんですか？

アヴフグース大会の帰り道、歩きながら「2週間だけサクッと留学に行くのもいいかも？」と考え始めました。英語を勉強するならアメリカかイギリスですが、映画『ノッティングヒルの恋人』が大好きだったこともあって、イギリスにしよう！と思いました。家に帰ってまずは航空券を見てみたら、すごく安くて。海外渡航が緩和されたばかりで高いものだと思っていたので、これなら行けるかもと思いました。それからはひたすら検索です。

航空券の値段はだいたいわかったので、次は学校探し。「ロンドン、留学、少人数、アットホーム」で学校を検索していたら、いくつか学校が出てきて、それぞれのレビューをしっかり読んでみました。「ここだ」とビビッときたのが「Tti School of English」という学校でした。ロンドン中心部から北のカムデンタウンにある学校です。

留学費、いくらくらい
かかりましたか？

航空券の値段から行くならこの時期、学校のレビューから行くならこの学校」と決まりました。ここまでたっ

た1日の出来事です。あとは行くことを決めるだけだなと思って、リョウコさんに相談しました。

「2週間目に慣れ始めたときに帰るのもったいないから、1ヶ月行っちゃいなよ！」

こう言われて、「じゃあ、1ヶ月行っちゃおうかな」と思ってまた調べてみると、留学エージェントを通さないで、自分で直接学校とやりとりすれば費用が抑えられること、手続きを数ヶ月前にすれば早期割引がもらえることがわかったんです。

自分でやれば、費用的に1ヶ月に延ばせるぞって思いました。航空券と学費で100万円くらいかなと思っていましたが、結局もっと安くて、航空券（往復）が約12万円、学費が約46万円、全部で60万円くらいでした。

いきなり思い立ってのことなので、実は少し迷ってたんですけど、人に言えばもう行くことになる！と思って、近い人たちに「宣言」しました。もう引き返せません！（笑）

支払いも終わって、ホームステイ先も決まって、わたしの留学が、本当に動き出しちゃいました。

これまで外国人に会

うこともあったし、行こうって思える機会っていくつもあったはずなんですけど、なぜか、キッカケがアウフダーレス大会でのパンさんとリョウコさんの会話だったんですよね。もうちょっと勉強してから、もうちょっとしゃべれるようになってから、今いい仕事が来たらチャンスを逃したくないって思って、なかなか留学するところまで行かなかったけど、きっかけはひょんなことですけど、行きたいって思ったら絶対に行ったほうがいい。そういう感覚ってすごく大事だなって思いました。

実際に行ってみて、学校はどうでしたか？

自分で授業の長さを選べて、わたしは週5日、朝9時から12時まで。お昼は12時から14時までの時間割にしました。学校以外にもいろいろ見たり行ったりしたかったので、ちょうどよかったです。初日にレベルチェックがあって、自分の英語レベルにあったクラスに入るんですが、わたしは日本でちょこちょこ勉強してた甲斐があったのか、上から2番目の全部で14人くらいのクラスでした！でも、みんなすごく英語が上手で、「こんなに話せるのに留学するんだ！？」ってびっくりしました。

クラスメートは、ほぼ、みんな年上。いろんな国の人がいて、韓国、ブラジル、ドイツ、フランス、インド、アルゼンチン、スイスから来ている人たちでした。日本人はる人。他の国は、職場に「3週間留学行ってきます」っていうと簡単にOKをもらえるらしくて、

だからキャリアの真っ盛りでも仕事を休ませてもらえる環境はいい
な、と思いました。

授業の内容ですけど、初日のクラスで「女の子と言えばピンク、
男の子と言えばブルー、というイメージがあるけど、あなたはどう
思う?」っていうディスカッションだったんです。社会問題がテー
マで、それに対して自分の意見を出してディスカッションするんで
す。日本の授業って先生の話を聞いて、ノートに書いて、と受け身
ですけど、イギリスではとにかく自分が話す。英語が通じないこと
とか、まちがえることがわたしの壁だと思ってイギリスに行った
ら、最初にぶつかった壁が「自分の意見を言うこと」だったんです。

ジェンダー問題とか、世界情勢とか、自分の国のこととか、みん
な自分の意見を持っていて、話せるんです。わたしは日本で普段か
ら自分の意見を言うディスカッションが苦手だったうえに、日本の
政治も、社会問題も、世界のことも何も考えてい
なかったんだって痛感しました。英語を話す以
前に、何を言ったらいいんだろうって、困っ
てしまいました。

でも、まわりの人たちが「なんでも
いいんだよ。とにかくみさとの意見を
言ってみなよ」って言ってくれて。そ

れから「幼稚でもいいから、言おう！」って気持ちを切り替えて、簡単で短くても意見を言ってみたら、まわりが「みさと、全然幼稚じゃないよ、それってさ……」と話を聞いて、どんどんふくらませてくれました。

　3、4日目くらいからディスカッションでよく使う言葉やフレーズがわかってきました。それを自分も使ってみて、通じたら楽しくなってきました。反対に、たくさん発言するクラスメートたちの文法が意外とまちがってることにも気づきました。まちがっていても気にせずに堂々と話してるから、すごく上手に聞こえてたんです。だから「しゃべれる気でいたほうがいいんだ」って思ったら、自分もまちがっていても気にせず、なんでも言えるようになりました。

1ヶ月の語学留学で
英語はレベルアップしましたか？

　英語で文章を作るコツをつかんだような気がしています。短くてもどんどんつなげていけば長い文章を作れるようになってきました。学生の頃、授業で英作文を作るのはむずかしくて苦手だったんですけど、まわりの人が話すのを聞いていたら、意外と簡単なんじゃないかって思えるようになりました。1ヶ月で英語がペラペラになるかって言われたら、まったくそんなことはないんですけど、かなり意識が変わりました。英語学習ってまちがうことすら正し

いことだなって。わからないときは、わからないってちゃんと言お
うって決めました。

最初はクラスメートたちがすごく流暢に話すので、自分はそんな
ふうに話せないなと思っていたら、あるクラスメートに「みさとは
自信持って。英語上手だし、発音もきれいだよ。わたしだっていっ
ぱいまちがってるけど、それでもしゃべるんだから」って言ってく
れて自信になりました。

これまで漠然と「英語しゃべりたい」って思っていたのが、もっ
と明確になりました。実際にいろんな国の人たちに会って、すごく
小さな世界にいたんだなって思いました。英語が話せるだけで、世
界がすごく広くなるんだってわかりました。

留学を迷っている人に
アドバイス、ありますか？

今まで習ってきたこととはちがうことを学べたので、すごく価値
のあることだったと思います。30年生きてきて、この留学が今ま
でしたことのない経験で、自信満々にまちがえていくとか、まちが
えてもオッケー、とにかくしゃべろうっていうのを知れたんです。
いろんな国の人に出会って、自分がこんなに世界のことを知らな
かったんだ、ってことも知れました。見聞きするだけじゃなくて、

自分で行ってそこに飛び込まないとわからないことってたくさんあるなって。英語以外の「マインド的なこと」をたくさん学べました。

帰国してからも、向こうで友だちになった子たちとは、まだメッセージでやりとりを続けていて、また会いたい、もっといろいろ話したいというはっきりとしたモチベーションもできたので、できるだけ毎日オンライン英会話で短い時間でも英語を話すようにしています。

なので、一番むずかしいことは「行くこと」で、行った先のことはそんなにむずかしくないと思います。

みさとさんの
クラスメイトたち

FROM JAPAN

日本人（男性・30歳／放射線技師）
休みをもらって3ヶ月ほど来てた。「休
ませてくれなかったらやめる」と言っ
たら「行ってきて」と言われたらしい。

FROM KOREA

韓国（女性・37歳）助監督の恋人
が映画撮影でイギリスに滞在するた
め一緒に来て、自分は語学学校へ。

FROM BRAZIL

ブラジル（男性・40代）
夫婦で語学学校に来てて、
奥さんは別のクラス。

FROM TAIWAN

台湾（女性・32歳）台湾ロクシ
タンの海外事業部で働いていて、
もっと英語使えるように来てた。

FROM ITALY

イタリア（女性・19歳／学生）ホー
ムステイ先が一緒だった子。シャイ
だったけど、実はクラブ好き！

LESSON 4

アメリカに住んでわかったこと

海外ドラマから
外務省勤務!?

If you worry about others too much,
you'll never get what's best for you

　29歳のときに、外務省から在外公館専門調査員として在シアトル日本国総領事館へ赴任して働くことになりました（ちなみに26歳で大学院を卒業した後、コロラドからシカゴに行ったり日本に帰ったり3年間いろいろやったのですが）。

　この仕事に就いた経緯を聞かれたことは何度かあるんですが、本当の動機は封印していました。時間が経って、恥ずかしさも薄れてきたので明かします。アメリカのテレビドラマ『**クリミナル・マインド FBI行動分析課**』にハマりにハマったことがきっかけでした。

きっかけは『クリミナル・マインド』

　まず、わたしを外務省へ導いた『クリミナル・マインド』がどんなドラマかお伝えしましょう。FBI（連邦捜査局）の犯罪プロファイリングを専門とする「BAU（Behavioral Analysis Unit）行動分析課」の話で、ここにいるFBI心理捜査官たちはそれぞれいろいろなバックグラウンドを持っていて、経験や知識を活かしつつIQめちゃ高のスーパー頭脳で殺人犯を特定したり、行動パターンを予測して連続殺人事件を未然に防いだりします。とにかく

めちゃくちゃかっこいい！

　シーズンを重ねるごとに、自分もBAUの仲間のような気がしてしまい、「わたしもFBIに入ってプロファイリングがしたい！」と思うように。FBIの心理捜査官ってどうやってなれるのかとFBIのサイトへ行き、募集要項を見ていると、一番最初に「アメリカ国民であること」が必須とあり、即アウト！ わたし、日本人だった……。

　しかもわたしの専門分野は、学士号は国際経営、修士号は東アジア言語文学。職歴は大学講師と翻訳・通訳。まったくもって心理学の勉強をしていない、1ミリも。FBIに入れる資格も要素もなにもない！
　我に返って「そりゃ、そーだ！」と笑ってしまいました。

それでもあきらめなかったら

でもここであきらめるのはまだ早いと、ちょっとちがう角度から考えてみました。日本国籍で東アジア言語文学の修士というバックグラウンドで行けるFBIみたいなところはどこだろうと。

「あ、外務省じゃない?」

早速、外務省のHPにある採用情報を見に行って、目に止まった、

「在外公館専門調査員募集:修士修了以上、日本国籍、
業務を遂行するに足る語学力」

これならわたしも資格ありじゃん、と見ていくと、中国経済、エジプト政治、タンザニア開発経済、ジュネーブWTOの紛争解決、ウィーン核実験禁止条約、スロバキア安全保障、ベルギー政策広報……その中に「**在シアトル日本国総領事館:文化交流、日本研究及び日本語教育に関する調査研究**」というポジションが。

東アジア言語文学(日本語教育専門)修士課程を修了して、アメリカの大学で講師をして……と、どっぷり北米における日本語教育やってきたじゃないか。これは、これは、いける!と思ったんですが、まぁ外務省ですよ。わたしはお上とは対極のフワフワ〜っとした人間なので、受かるわけもないと思いつつ、おもしろそうだから出すだけ出してみようと必要書類や調査研究実績、専門領域と志望動機を書き上げて、郵送。

スーツ集団に「セーター＋デニム」がひとり

す ると1次試験の通知が送られてきました。外務省で筆記試験でした。シアトル総領事館だけでなく、全世界の在外公館のそれぞれの専門のポジションに応募する人たちが一挙にあつまる筆記試験なので、すごい人数。わたしの部屋には30人くらいビシッと座っていて全員スーツ姿。わたしはたったひとりだけセーターにデニムの普段着。**筆記試験だから服装は問いませんって書いてあったじゃん！** みんな抜け駆けだよ、と恥ずかしすぎて丸まって服を隠しながら試験を受けました。そして筆記試験は合格。服は関係なかったみたい。

2次試験は面接。英語での口頭試験もあったような。あとはこれまでの研究や職歴、動機について。もちろん『クリミナル・マインド』の話はしません。これまでやってきた日本語教育の話などをして終了。たぶん1つのポストに30人くらいの応募があったようですが、これまたラッキーで不思議なことに合格！「え、いいの？」って思いました。その後、戸籍やらいろいろ調

べが入り、無事に外務省で赴任前研修が始まります。

研修が始まってからも「わたしでいいのかなぁ」と思いながら、あまり内容は触れられないのですが、外務省の仕事についてのお話や、スパイや美人局の話まで、いろいろなブリーフィングや講義などを受け、担当課（わたしの場合は北米）でさらに研修。そして見たことのない緑色のパスポートを発行してもらって、晴れて専門調査員となり、シアトルへ飛びました。

と、スムーズにコロコロッとすべてが進んだように聞こえますが、実はその裏で苦悩のドラマがありました。わたしの「なんでもとりあえずやってみる」、がよくない方向へいってしまったのです。

テレビ局も応募しちゃった

というのも、外務省に願書を出したのと同時に、某テレビ局の海外報道の仕事も「おもしろそう～」と思って応募していて、そちらも受かってしまったのです。

どちらかを選ばなきゃいけないし、すでにことが動き始めていてやっぱりやめますというほうに迷惑がかかってしまう。「どうしよう、どうしよう」と困っていたときに、オーストラリア人の友だちに言われた言葉があります。

If you worry about others too much, you'll never get what's best for you.

**他の人のことを心配ばかりしていたら、自分にとって
一番いいものは手に入れられないよ。**

いつも静かで優しくて、まわりに気を遣う友人ですが、**何かを決断
するときには少しくらいわがままになって、自分がほしいものを取り
にいかなきゃいけない**と、教えてくれました。

それ以来、大事な決断をするときは人がどう思うとか、これをした
らどう思われるとか、迷惑がかかるからやめといたほうがいいという
のは、一旦置いておいて、自分がどうしたいか、自分は何をしたら自
分にとって正しいと思えるかを考えるようになりました。

もちろんまわりを振り回すようなことはいけませんが、自分が自分
のために決めたことはやっぱり後悔しないし、ダメならまたちがう道
を作ればいいって思えるものです。そして、何かを始めるためのきっ
かけなんて、実はなんだっ
てよくて、自分がその道を
どう作るかが1番大切なん
です、たぶん。

ひぇー！そのとおりっ！

動詞は「この5つ」で話せる

単語帳を作ってあんなにがんばって暗記して覚えたのに、たった5つの動詞があれば、だいたいのことは代わりに言えちゃいます。

日常会話でむずかしい単語はほとんど必要ないんです。日本語でも考えてみると、むずかしい動作の言葉って日常であまり使わないですよね。

中学校で習った基本的な動詞と、この5つの動詞を使いこなせれば、英語で言いたいことは9割言えると思います。わたしもこの5つの動詞を上手に使って、ずっとアメリカで生きてきました。

1. get

わたしは get ほど有能で便利、かつ複雑な動詞は知りません。get はいろんな動詞の代わりにもなってくれるし、**get を使いこなせればこなせるほど、ネイティブが使う自然な英語に近づきます。**ただ、有能なだけあって使い方がたくさんあるうえに感覚的なところもあるので、覚えるのは大変ですが、get の便利さを知ると「get 頼り」が止まりません。

手に入れる

何かをもらう、受け取る、買って手に入れるときに使う場合が代表的な使い方です。

I'll get a new iPhone.　新しいiPhone買うつもり。

I got a message from Alex.
アレックスからメッセージが来た。

Where did you get your T-shirt?
どこでそのTシャツ買ったの？

わかる

わかったときにも使います。understand は「理解します」と堅い感じですが、「get it」はわかる、わかったとカジュアルな言い方です。

I get it.　わかる。

I got what you meant.　言ってることわかった。

Did you get why it's funny?
なんでおもしろいかわかった？

着く

どこかへ着くときにも get です。「到着します＝ arrive」はかしこまってる感じになるので、ここはやはり「着きます」の get です。

I'll get there around 5 pm.　5時くらいに着きます。

I'll get home at 7pm , so we can have dinner after that.
7時に家に着くから、そのあと夕飯にしよう。

できる

機会を与えられて何かができたときにも使います。**わたしはこの「get to」を使うのがなぜか好きです。**偶然与えられたチャンスに「ありがとう！」という感じがあるので、can よりも強くなくて使いやすいです。

I got to meet my favorite band.
大好きなバンドに会えた。

I get to go to Japan next year.　来年日本に行ける。

〜になる

状態が変化したことを表現する「〜になる」ときも get です。形容詞と一緒に使うことが多いです。

I'm **getting** hungry.　お腹空いてきた。

I **got** upset when I heard the news.
そのニュースを聞いて動揺した。

It's **getting** dark.　暗くなってきた。

I **got** used to my new car.　新しい車に慣れてきた。

　get のことを書き始めると1冊本が書けてしまうかもしれません。最初に言ったように本当に有能で恐ろしく複雑です。でも慣れると本当に便利で、なんでも get で済ませちゃうようになります。

2. have

　「I have a pen」でおなじみの「持つ」です。でも、「持つ」だけじゃないんです。

いる・ある
持つ、と同じような感覚で、「**存在している、ある**」のときも使います。

I **have** a younger brother.　わたしには弟がいます。

I have something important to tell you.
あなたに大事な話があるの。

「ある、いる」は「There is / are」と習いましたが、それは自分に関係ないモノや人がいる場合に使う感じですね。自分や主語となる人に密に関係があるモノや人がある、いるときは have が自然です。

I have cat allergies.
猫のアレルギーがある。

He has blond hair.　彼は金髪。

My apartment has a gym.
うちのマンションにはジムがあります。

こんなふうに、その人やモノの特徴を言うときも have です。

食べる・飲む
もうひとつ。「食べる、飲む」も have を使います。

I'm going to have steak for lunch.
ランチはステーキにしよう。

系

I already had 3 cups of coffee today.

今日はもうコーヒーを3杯も飲んだ。

　eat や drink はモグモグ食べるとか、ゴクゴク飲む直接の動作を表していて、have を使って「食べる・飲む」を表現するときは「持つ」の have に近いようなイメージです。

　レストランで「What can I get for you?（ご注文は?）」と聞かれて「I'll eat tomato pasta（トマトパスタを食べます）」と言うと、これ、お店の人はちょっとびっくりします。このときは have 。「食べる・飲む」は選べるチョイスがあって、それにするという場合に使うイメージです。日本語に訳すと、どちらも同じになってしまうので、まさに、訳さずに雰囲気で使い分ける英語です。

3. make

作る

一番基本的なのは「作る」の make ですよね。

I made lasagna for lunch.　お昼ごはんにラザニアを作った。

　さて、ここからはちょっと難易度が上がります。学校では make は「使役、〜される」ときに使うとして習いました。文脈によっては、無理

にやらせるという意味で使うこともちろんありますが、どっちかというと主語が、何かを起こす、変えることで、受け手側が影響を受ける、何かをしてもらうというイメージが make です。

起こす、うながす

The book made me cry.
あの本、泣けた。（その本がわたしを泣かせた、からの意訳です）

He always makes me laugh. 彼はいつも笑わせてくれる。

He made me sing in front of everybody.
彼にみんなの前で歌わされた。

同じ make でも笑わせてくれることと、強制的に歌わされるのは真逆の感情ですが、結局は主語の人が受け手に何かをする、という意味です。文章の内容でポジティブかネガティブか変わってきますね。

自分が主語にもなって make を使うときもあります。その場合は意思が強めのときに使うイメージです。例えば、

I'll make it happen! それ、実現させるよ！

I'll **make** it simple for you.

もうちょっと簡単に説明するね。

I'll **make** you happy.

君をしあわせにする。

そのほかいろんなmake

make は、他の言葉を組み合わせてイディオム的に使うことも多いです。ピッタリな日本語訳がない代表的な make の使い方を挙げますね。

make sense

これは日本語だと「**道理にかなう**」的な意味ですが、日本語にバッチリと合う訳はなくて英語らしい表現です。あいづちにも、説明にも、確認にも、いろんな場面でとにかくよく使われます。

That makes sense.　そうだねー。なるほどねー。

It doesn't make sense!　意味わかんない！

Does it make sense?　わかる？

（返事は「Yes, it does」か「No, it doesn't」）

She's not <u>making</u> any <u>sense</u>.

彼女、全然意味わかんないこと言ってるよ。

make sure

「確認をする」的な意味ですが、日本語のように「確認ヨーシ！」みたいな意味ではなく、 「ちゃんと」という意味で使います。

Will you <u>make sure</u> to bring the beer?

ビールちゃんと持ってきてね。

I'll <u>make sure</u> the house is locked when I leave.

家を出るとき、鍵閉めたか確認するね。

Can you go into your brother's room and <u>make sure</u> he's not sleeping?

お兄ちゃんの部屋に行って寝てないか見てきて。

make it

都合がつく、間に合うというときに使います。都合をつけようとする、間に合わせようとする努力が垣間見られる言葉です。

I can't <u>make it</u> to your party tonight.

今夜のパーティー行けないや。

We barely <u>made it</u> to our flight!

飛行機ギリギリ間に合った！

「make + a ○○」= ちがう動詞

最後に。「make + a ○○」でひとつの動詞を作れます。もう
まったく「作る」の概念じゃない領域です！

<u>make a</u> phone call　電話をかける

<u>make an</u> excuse　言い訳をする

<u>make a</u> reservation　予約する

<u>make a</u> mistake　まちがえる

<u>make a</u> decision　決める

<u>make a</u> living　生計を立てる

4. go

「行く」というすごく簡単な言葉ですが、go + 他の言葉で、行く系の動
作をほとんどカバーできます。

go in　入る

I'm about to <u>go into</u> the restaurant.

今からお店に入るところ。

go over　向かう、復習する

I'll go over the questions
one more time.
最後にもう一回質問を
復習してみるつもり。

go up　あがる

This elevator is going up.
このエレベータ上に行きますよ。

go down　さがる

My grades went down.　成績が下がった。

go on　出かける

I'll go on a vacation for 2 weeks.
2週間の休暇に出かけます。

go away　消える

He went away of a sudden.　彼、突然いなくなったの。

go + 〜 ing　〜しに行く

そして go と一緒にもうひとつの動詞を ing でつなげると
「〇〇しに行く」となります。こんな感じです。

go running　　走りに行く

go swimming　泳ぎに行く

go driving　　ドライブしに行く

go drinking　　飲みに行く

「go + for a 名詞」　〜しに行く

それぞれまったく同じ意味でもうひとつの言い方があります。
a をつけて ing を取るとできる形です。

go for a run　　走りに行く

go for a swim　泳ぎに行く

go for a drive　ドライブに行く

go for a drink　飲みに行く

行く動作以外にも、イディオム的な go の使い方もあります。

go out　デートする、遊びに行く

I went out with Mark last night.

昨日マークとでかけた。

go well　うまくいく

The test went well.　テストはうまくいった。

go well with　相性がいい、合う

This beer **goes well with** french fries.

このビールはポテトとよく合う。

go bad　腐る

The milk in the fridge **went bad**.

冷蔵庫のミルク、腐ってる

go off　鳴る

My alarm didn't **go off** this morning.

今朝、アラームが鳴らなかった。

LESSON

4

「go off」は、映画『スピード』を見ていて、「爆弾が爆発した」のセリフが「The bomb went off」と言っているのを聞いて、「オフ」なんだから爆発しなかったんじゃないのかな？と思って調べたら、オン・オフの意味じゃなくて**「go off」で「鳴る、爆発する」という意味**だと知りました。

5. do

質問するときに使うだけかと思いきや、いろんな使い方がある便利な do 。特に家事、スポーツに万能です。**do のあとに the と家事をつければいいだけ。**

do the dishes　　食器を洗う
do the laundry　　洗濯をする
do the cleaning　掃除をする

質問ではなく、普通の文章に do を入れ込む場合もあります。そうすると**強調**です。例えば、

I **do** understand what you're explaining.
ちゃんと説明、理解してるよ。

わかってないと思ってるでしょ、でもちゃんとわかってますよ、と強調するときに使います。

最後に、これは、わたしはすごくよく使うのですが、**あいづちでも do は大活躍です。** 誰かが「I speak Korean」と言ったとしましょう。「えー、ほんとに！」みたいなときに、

Oh, you do?　えー、そうなの？

というふうに使います。相手が言ったことを繰り返しているだけなんですが、スーパー便利なリアクションあいづちです。

I went to Egypt last year.　→　Oh, you did?

てな感じです。do は質問だけじゃなくて、いろんな動きを表してくれますし、あいづちにもなってくれるし、とにかく便利です。

というわけで、この５つの便利な動詞。ネイティブもよーく使っています。ここに挙げたのはまだほんの一例です。他にもたくさん応用があるので、今度映画を観るとき、例えば今日は get が映画の中でどれくらい使われているか、get に注目して見てみてください。びっくりするくらい多いはずです。

この５つ（**get / have / make / go / do**）を理解できると、聞くのも楽になると思います。

「アメリカで働く」 ということ

It sounds exciting but it's not easy

　先にも書きましたが、はじめてのアメリカでの仕事は、コロラド大学大学院で院生として勉強しながら、大学で日本語を教える大学講師でした。第二言語教育を学びながら、即実践。毎日、試行錯誤でとにかく一生懸命な日々でした。

日本語を教えるむずかしさ

　わたし自身が英語が苦手で苦労したこともあって、英語学習者の気持ち、どこでつまずくか、どうしてそうまちがえるのかなど、手に取るようにわかりましたが、日本語を「学んで」はいないので、動詞や形容詞の種類や活用などの文法のルールを勉強することから始めました。

　日本語って話せるから教えるのは簡単だと思う人も多いかと思いますが、本当にむずかしい。一番単純な例を挙げると、**「が」「は」のちがいを説明してください**、ですね。こんな簡単な助詞ですが、本が1冊書けるくらいむずかしいです。日本語を教えるというのは、これが永遠に続く感じです。しかも英語で教えるわけですから、至難の業です。

　日本語学習者のつまずくところや思考は、学生に質問されないかぎ

り気づかないのです。授業で学生がわかりにくそうにしているところ
を、自分がまずは法則を理解して、それをどうやって説明すればわかっ
てもらえるか、を考える毎日でした。

　通算3年間、アメリカの大学で教えましたが、日本語を勉強してい
る学生たち、こんなむずかしい外国語を選んで勉強してるの、えらい
よー！という気持ちでした。英語を勉強しているわたしたちも本当にえ
らい！　母国語と文法も発音も共通点のない外国語を勉強している人
たち、すべてを讃えたいです！

大学から、次は政府へ

　そして次が、シアトル総領事館での専門調査員の仕事。日本語を
教える仕事から、日本、そして日本語と日本文化を広める仕事
です。**日本語教育が盛んなシアトルですが、まだまだ中国語やスペ
イン語には負けています。**大学で日本語専攻ができるよう政府や大学
に働きかけたり、小中高大の日本語教師同士が学校を超えて連携して、
日本語を学ぶ学生がスムーズに学年を上がっていけるようにシステム
を作ったり、アメリカから日本の公立の学校へ先生を送るJET（The
Japan Exchange and Teaching）プログラム（語学指導等を行う
外国青年招致事業）の選考などもやっていました。日本文化、日本語と
名のつく活動のすべてを担当。当時はまだ29歳。若かったので、ずっ
と年上の先生たちに助けてもらうことばかりでした。このとき一緒に
働いた先生たちとは、今でも家族ぐるみの友だちです。

　「アメリカで働きたい」と相談を受けることもあるのですが、はっきり言って、すごくむずかしいです。こればっかりは夢を見させられないので、ちゃんと言うようにしています。

むずかしい ①　ビザ問題

　まずビザを取ることが、ものすごくむずかしい。雇用されて働く場合は、「スポンサー（雇用主）」が必要だからです。アメリカで仕事をしたい場合、現地の会社に、英語がネイティブではない外国人を、ビザの弁護士費用を払って、お金と時間を費やしてでも雇いたいと思ってもらわないといけません。そういった手続きが必要ない同じようなスキルセットがあるアメリカ人がいる場合のほうが多いので、むずかしいですよね。一番手続きが簡単なのは、アメリカ人と結婚して配偶者にスポンサーになってもらうことですが、そのためにアメリカ人を探して恋をして結婚までいくのは、なかなかの手法です。

むずかしい ②　駐在員ならどう？

　駐在員という手もあります。日本企業から海外に赴任するケースです。日本の会社と現地の支店がスポンサーになって、手続きや専門家の費用も会社がやってくれますが、「〇〇さん、アメリカに赴任してくれ！」と任されるくらいのキャリアをその会社で築かなきゃいけません。長い道のりです。

　わたしの場合は、大学院がスポンサーになっていたので、クリア。そしてシアトル総領事館は外務省からの駐在だったので、ビザの問題

LESSON

4

はありませんでした。最後に、コーヒーのサイトを運営していたとき。すごく特殊でレアな○ビザ（アーティストビザ）を取りました。これは、スポンサーが必要ないビザです。そのかわり取るのがめちゃくちゃ大変で、お金も時間もすごくかかります。カナダ人のジャスティン・ビーバーとか、ハリー・ポッター役のイギリス人、ダニエル・ラドクリフくん、あとはオリンピック選手や、世界的なアーティストが取るビザだと聞きました。

ビザでは本当に苦労しましたし、お金も時間もすごくかかりました。以前、ビザの話をアメリカ人の友だちとしていたときに「リョウコもアメリカ人に生まれたらよかったのにね」と言われたことがありました。実はそのとき、ちょっと嫌な気分になったんです。

LESSON
4

「いや、わたしは日本人に生まれてよかったよ」って言いました。たしかにアメリカ人に生まれていたらこの苦労はなかったのかなって思いましたけど、アメリカ人に生まれていたら英語を勉強して海外のことを知りたい！って思ってないわけです。

だから、やっぱり**わたしは「日本人で、アメリカに住むという選択をしている人」でいたい**んだなって、あとで思いました。

というわけで、アメリカで働くのは本当に大変なことですが、絶対に働きたいなら必ず道はあるはず。わたしのように学生としてスタート、するのもいいと思います。目指せ、アメリカンドリーム！

I'M PROUD TO BE JAPANESE…

日本とアメリカ、
生活ってこんなにちがう

Pros and cons of life in America

　「あー、アメリカのにおい！」日本に一時帰国して、実家でスーツケースを開けると母が必ず言うセリフでした。

　「アメリカのにおいってどんなにおいよ？」ってずっと思っていたけれど、長期帰国をしてから8ヶ月ぶりにアメリカの空港に降り立ったとき、ふっと香った甘い綿菓子のようなにおい、これが母の言うアメリカのにおいだとわかりました。アメリカと日本、においさえもちがうのだから、生活にもちがいがいっぱい。日本では当たり前のことが、まったく当たり前ではなかったり、またその逆もしかり。アメリカで生活しながらびっくりしたことは結構あります。

盲腸でウン100万円、高すぎる医療費

　まずは医療費。とにかくものすごく高い。どれくらい高いかというと、アメリカで友人が盲腸になって手術をして退院後に届いた請求書を見たら、**その額なんと300万円！**

　しかも手術して翌日に退院させられるというハードモードで。日本で盲腸の手術をしたわたしは1週間入院して、お金を払うどころか保

険がおりて逆にお金儲かっちゃった
というのに、です。

　本来そんな高い医療費をカバーするためにあるのが健康保険です
が、アメリカの健康保険はこれまたクセもの。日本のように「国民皆
保険」という制度はありません。日本だと、民間の生命保険みたいな
イメージ。自分で選ぶものなんです。健康保険料もすごく高いです。
会社に所属していると、会社が決めている保険会社に加入します。保
険を用意していない会社の場合は、やっぱり自分で入ります。

保険に入っていても……！

　自由業のわたしの例でいうと、病院に行こうが行くまいが関係
なし。月々の健康保険料が400ドル（約5万円）ほどでした。
さらに病院に行くと3割負担なんて話ではありません。保険に入って
いても自己負担額は毎回診察や検査などで100〜200ドル、治療とも
なるとどんどん上がっていきます。

　低所得者は保険料が高いので、もともと保険に加入している人が少
なく、そうなると病院では100％の支払いになります。もちろんそれ
が払えない人だっているわけで、その人たちはどうするの？って話で
すが、答えは「踏み倒す」です。そうなると、払っている人たちの医療
費があがります。お金持ちはお金があるので払えますが、中間層には、
ただでさえ高かった医療費がさらに高くなるのはキツイ話です。

今、アメリカの自己破産の原因の半数以上が医療費なんだそうです。というわけで、いろいろ考えると、日本の国民健康保険制度はすごく優れていたんだなと、アメリカに来て、はじめて気づきました。

飛行機代払ってでも「歯の治療」は日本で

わたしは歯の治療など少し待てるものは、帰国して治療していました。飛行機代を払ったほうがよっぽど安かったからです。おそろしいですね。

余談ですが、そんな高いアメリカの健康保険をなんとかしようと変えてくれたのがオバマ前大統領。保険料が高過ぎて払えなくて保険に入れない、病院へ行けない人を減らすための医療保険制度改革**「オバマケア」**をおこないました。わたしもオバマケアのおかげで月150ドルくらいに下がりました。

大型家電は買わないでOK

そんな医療費の高いアメリカですが、お得もあります。わたしは引っ越し魔で1年に1回引っ越しをしていたのですが、引っ越しのたびにワクワクしていたことがあります。それは冷蔵庫と洗濯機・乾燥機。

アメリカでは、自分の冷蔵庫と洗濯機・乾燥機を買う必要があります。なぜなら、**アメリカの家には冷蔵庫と洗濯機、乾燥機がほとんどの場合ついてくるから！** さらには食洗機とオーブンも備え付け。比較的新しいマンションの場合は電子レンジもキッチンに内蔵されています。アメリカ、なんて太っ腹でお得なんだ！と感動しました。家電は大きな買い物ですし、日本では引っ越すときに冷蔵庫のサイズと置く場所のサイズが合わなくて買い直さなくてはいけないこともあったりしますが、ア

メリカではその心配はゼロ。もちろんこの冷蔵庫いやだなと思っても勝手についてくるので、それを強制的に使わされることにはなりますが。ちなみに家を購入するときは自分で買い換えてもいいですし、イチから新築を建てるときは自分の家電を買うことになります。

「礼金なし！」は最高

家関連でもうひとつ。引っ越しについて。まずは礼金は存在しません。アメリカ人に「日本では礼金ってのを払うんだよ、サンキューマネーみたいな感じ」と言うと

What are you thankful for when you pay and move in?

自分でお金払って引っ越すのに、誰に感謝しなきゃいけないの？

と聞かれましたが、ごもっとも。

アメリカにも敷金はあります。デポジットというかたちで1ヶ月分を預けておくところが多いです。あとは「1 month notice」といって1ヶ月前に「この日に出ます」と伝えることが条件で、出られます。とはいえ、基本的にゆるめなので、1ヶ月きっちり前じゃなくても大丈夫だったりします。

日本では退去時に清掃料金、鍵交換など、よくわからない費用がデフォルトで追加されていますが、**アメリカはちゃんときれいに住んでいたら清掃費はいらないし、鍵さえ返せば終わり。**

そんな適当さがたまらなく楽で、それはアメリカの大好きなところなんですが、逆にそれですごく苦労することもあります。それが契約の手続き関係です。

業者さんは約束の時間が超テキトー

本の契約や手続きは丁寧、そしてルールに忠実。しかしながら臨機応変に対応してくれないと思うことが多々あります。何か問題があったりすると、しっかりすぎるほど、時間を

かけて（時間がかかりすぎ、かも）やってくれますが、アメリカでは、自分からワーワー言わない限り、やってもらえないことのほうが多い。

　例えばテレビ。アメリカは日本のように、テレビ線をつなげればテレビが映るということはありません。すべて契約制なので、自分でケーブルテレビ会社を選んで契約してやっと見られるようになります。その開通工事ですが、**約束がとてもゆるい。** 予約をした当日に、「朝の8時から13時の間に行きます」と連絡が来て、休みをとって1日家にいて、来たのは15時とか、もっとひどいと来なかったり。怒りのクレーム電話を入れられるようになったときに、ようやく、英語にもアメリカにも慣れてきたなと実感できました。

店員さんも、なんかゆるめ

あとは買い物です。アメリカに行ったことがあって、スーパーで買い物したことがある方ならみんな「デカい！」と思ったことがあるはずの、どデカいカート。アメリカは売っているものがデカいので、カートもデカい。

　日本はレジでお店の人が深くお辞儀をしてからピッピと丁寧にカゴから新しいカゴへ移してくれますが、**アメリカのキャッシャーの人はお客さんと世間話したり、時にはガムを噛みながら、そして時**

には巨大なコーラを飲みながら、ゆるーく焦らず商品をピッピとスキャンしていきます。 ピッした商品はポイっと先の滑り台に流します。すると台の先にお店の人がいて、袋づめをしてくれてカートに載せてくれます。なぜかここだけは「お客さんは何もしないでいいのよ」精神なんです。

　レジでもうひとつ「アメリカらしいなぁ」と思うことがあります。それは現金払いで、あと1セントあればピッタリ払えるのに！というとき。レジまわりに1セントがいくつか置いてあって、キャッシャーの人が「**That's alright, I got it.（いいよ、これ使うから）**」って払ってくれることがよくあります。さらにはうしろに並んでいる人が「はい」って自分の財布から手渡してくれることも。わたしはこれに慣れていたのと、とても好きな慣習だったので、帰国中に日本のスーパーのレジで前の人に1円を差し出して、警戒されたことがあります。悲しい！

レストランでは担当制が多い

最後にレストランのお話も。日本では「すいませーん!!!」と大きい声を出せば店員さんがやってきて注文を聞いてくれ

ますが、アメリカのレストランではテーブルごとに店員さんが決まっていることが多いです。

　なので注文したいとき、何かがほしいときなどは、自分の担当の店員さんにお願いしなきゃいけません。フレンドリーでよく気がつく店員さんだとラッキーですが、そうじゃないと、なかなかテーブルに来てくれなくてずっと待つ羽目に。

　そもそもなぜ担当が決まっているかというと、アメリカが「チップ社会」だからです。その人の働きに対して飲食代にプラスしてチップを払います。相場は飲食代の15〜20％くらい。店員のみなさんは時給よりもチップがメインの収入源となります。これに関しては「すいませーんっ!!!」ですぐに誰かが飛んできてくれて、さらには（チップがないのに）すごく親切にサービスをしてくれる日本に軍配があがります。

　めんどうくさいことも、大雑把でおおらかで豪快なところも、全部ひっくるめてアメリカはアメリカらしくて、そんなアメリカがわたしは好きです。日本で、ルールに縛られて融通の利かないことがあると、臨機応変にやってくれたらいいのに、とイラッとすることも。そんなとき「あ〜、アメリカだったらなぁ」と思います。

　逆に、アメリカにいたときは「日本だったらこんないい加減なこと絶対ないよ！」と怒ってましたけどね。どちらの国もいいところ、悪いところはあります。でも、アメリカで病気にだけはなりたくない……。

おしゃべり大好き フレンドリーな イメージそのままなアメリカ

"Oh, I love your T-shirt!
Where did you get it?"

「わー！ そのTシャツ最高。どこで買ったの？」

これは友だちに言われてうれしかった言葉、ではなくエレベータに一緒に乗った人、レジの人、道ですれちがった、まったく知らない人にかけられた言葉です。

突然、褒めてくるアメリカ人

んなふうにアメリカでは知らない人がいきなり褒めてきます。日本に住んでいたときはそんな経験をしてこなかったので、最初はびっくりして、なんて返事をしていいのかわからず、モゾモゾしながら「Thank you...」と言っていました。それ以外にも、例えばトイレの列に並んでるときなども、前後の人でおしゃべりします。

服や靴の褒める会話だったり、天気の話だったり、特に中身がある話ではないのですが、**アメリカ人はとにかく「ちょっとしたおしゃべ**

り」をするのです。**これを「chit chat」と呼びます**。そう、アメリカ人は「chit chat」が体に染み付いている！

　偶然そこで数十秒会っただけの、もうたぶん2度と会わない人と交わされる「chit chat」ですが、会話をすることで、一瞬で仲間になる感じがします。

　例えば日本で満員電車に乗っているとき、自分のスペースをどうにか守ろうと必死で、まわりの人たちがみんな敵のような気持ちになりませんか？　エレベータの中もそう。鉄の無機質な箱の中に、知らない人と一緒に乗り込んで、じっと階数の推移を見つめるあのなんとも言えない時間。

　アメリカ人はたぶん、そんな沈黙が、無意識だとは思いますが、耐えられないのかも。とりあえず、なんでもいいから一言発することで沈黙ではありませんよ！という空気を作りたい、そして「せっかく言うならいいこと、優しいこと、おもしろいことを言おう」という精神がとても高い人たちなのかもしれないです。

道で知らない人とあいさつ「Hi!」

　アメリカ人は道ですれちがうとき知らない人に「Hi!」とあいさつします。たくさんの人が歩いてる場所ではそうしないのですが、他に人がいない人通りの少ない道ですれちがうとき、ハイ

キングしていて山道ですれちがうときなど。

　「知らない人同士であっても共有する空間で、なにも言わないことに耐えられない！」というアメリカ人のフレンドリーさと沈黙が嫌いな気持ちがよくわかります。

　アメリカで生まれ育っていたら、子どものときからこの「chit chat」のトレーニングがされているわけですから、そりゃスッと通りすがりでも褒めちゃったりできるんですよね。知らない人に褒められたり、エレベータや行列などで少し会話をかわすと、なぜか少しいい気分になるのです。心がパッと明るくなるようなそんな感じ。

これまでに洋服、髪の毛の色、車、選んだ商品、頼んだ食べ物、ありとあらゆることをとても素直に、しかもわざとらしさやおおげさなこともなく、好きだなって思ったから伝えたっていう感じなんですよね。**アメリカ人はどうしてこんなに簡単にサッと褒め言葉を言えるんだろう**、これって自分も相手も気分がよくなるいい行動だなって、いつも思います。

知らない人とは「無関係」でいたい日本人

　して日本はというと……。日本人は困っている人には親切だし優しいと思いますが、知らない人に対してはかなり明確に「知らない人＝かかわりたい気持ちゼロ」ですよね。

この「chit chat」をべっとり染み付けて日本に戻ると、ちょっと変わった人だなと思われてしまいます。アメリカに住んでいて一時帰国するときのわたしはアメリカが染み付いていました。飛行機を降りて普通にアメリカの感じでいるので、シャトルバスの中で隣の人に話しかけて塩対応を受けたり、子どもに話しかけたらお母さんがサッと手を引っ張って逃げていってしまったり、ちょっとした要注意人物になってしまっていて、傷ついたこと何度もあります。

　今はこうして長く住んでいるのでそんな「chit chat」クセも抜けましたけどね。

言えたらかっこいい
あいづち集

Good communication needs multitasking!

さて、英語の話に戻りましょう。英語を話すとき、脳みそはフル回転。そして自分の話す番が終わったら、今度は相手が言うことに全集中。休まる暇なんてナシ。特に話を聞いているときは聞き逃さないように、そして知っている単語をできるだけキャッチして全体像を把握しようと、かなり真剣な表情になっているはず（しょうがない！）。

自分はどうなんだろう、と思ってオンライン英会話で録画された自分のレッスンを見てみました。すると、日本語で話すときと英語で話すときのちがいに気づきました。「あいづち」です。日本語では聞いていることを相手に示すために「うん、うん」とうなずきながら聞きますよね。でも**英語はじーっと聞いていて、断然あいづちが少ない！**たまに言葉をはさむ、くらいなんです。

日本語の「うん、うん」的な音は、英語だと「uh-huh」や「hmm」がありますが、ずっとは言わないんです。ずっと「アハ〜」って言ってると、たまに俯瞰で見て「なに、アハって！」って思っちゃうんですよね。なのでちょっとバリエーション、増やしてみましょう。たまに出るあいづちがバシッと決まるとかっこいいです。わたしがよく使う基本的なあいづちを系統に分けてみました。

そうなの？系

Oh, yeah?
Is that so?
Are you?

わたしも〜系

Me too.
So am I. (So do I.)
Neither am I.
(Neither do I.)
Likewise.
Same here.

そうなんだ〜系

I see.
Right.
Makes sense.

まじで〜？系

Really?
Seriously?
No way!
Get out of here!
You're kidding, right?

だよね〜系

Absolutely.
That's why.
I agree.
I know, right?
I hear you.
Word.

そうかもね〜系

Maybe.
Probably.
Can be.
I guess.

文章ではなくて一言だけなんですが、石のようにじっと聞いているのではなくて、これを言える余裕が出てきたら、英語もナチュラルに話せるレベルになってきている証拠です。

だって聞くだけでも大変なのに、さらにこれがさらりと言えたらかっこいいですよね。

▼ アメリカ英語ならではの「早口短縮語」

短縮して発音すると、もっとカジュアルに「それっぽく」なる口語！
でも、かなりくだけているのでビジネス文書では使わないほうがいいです。

going to = gonna

want to = wanna

have to = hafta （発音はするけど、書かない）

ought to = oughta

got to = gotta

need to = needa （発音はするけど、書かない）

out of = outta

kind of = kinda

sort of = sorta

lots of = lotta （発音はするけど、書かない）

let me = lemme

give me = gimme

I don't know = dunno

3.11 — 震災の日のこと

Life is short. Start doing
things you love!

2011年3月11日。

「日本がえらいことになった。休暇初日で悪いけど、戻ってきてもらわなきゃいけないかもしれない」

あの日、わたしはアメリカにいた

当時勤めていたシアトル領事館の上司から朝一番で電話。あの日わたしは、休暇中でテクノロジーの祭典「SXSW（サウス・バイ・サウス・ウエスト）」に参加するためにテキサスのオースティンにいました。

10年前からずっと行きたかったSXSWは音楽、映画、インタラクティブが一緒になった世界最大級のクリエイティブカンファレンス＆フェス。音楽の部ではインディーズから世界的アーティストが集まってライブして、映画も同様インディペンデント系から大作まで上映されます。インタラクティブでは、テック界の超有名人たちがどうやって自分の会社を立ち上げたかなどを講演したり、スタートアップ企業がピッチをしたりします。クリエイティブ業界にいる人には刺激的でインスパイアされるフェスなのです。

SXSWが始まる前夜、ホテルにチェッ
クインして寝ている間に東日本大震災
が起こりました。
　朝起きるとネットは津波が東北を襲
う映像で溢れていて全身の血の気が引
きました。けれどホテルの外ではフェスが始まり
賑わい始めています。日本から遠く離れたアメリカで、
さらには休暇中で管轄外のテキサス州にいて、何もできる状態になく、
領事館からも「何かあったら戻ってくる準備を」とだけ伝えられまし
たが、あのときだれも状況をつかめず、どう動いていいのか、なにをす
べきなのか、まったくわからない状況でした。

「あれやりたかったな」と思わないために

　震災の日は誰にとっても忘れられない日で、みんなあの日をど
う過ごしたか、あの日なにを思ったかは、ずっと胸にあると思
います。わたしは震災の日、テキサス州オースティンのSXSWにいな
かったら今、こうして書く仕事はしていなかったと思います。**震災が
きっかけでわたしの人生も思わぬ方向へ変わっていきました。**という
より、自分で「変えた」のかもしれません。

　震災はすべてを一瞬で変えてしまいました。たくさんの「日常」が
消えて、毎日顔を合わせていた家族や恋人、友人が亡くなってしまった

り、計画していたことができなくなったり、普通にまた来るはずの明日が全然ちがう明日になってしまった。わたしは日本にいなくて震災を経験しなかった分、自分はどうしただろうとたくさん考えました。

　もし明日死んでしまうなら、今日が一番いい日になるように過ごしたい。特別なことをする必要はないけど人に優しく、何かひどいことを言ってそれが最後の日になるなんてことがないようにしたい。「あれやりたかったな」と思いたくない。**今やれることなら、やる**。それを忘れないように生きていこうと決めるきっかけになったのが震災でした。

　同じ頃、今でも迷ったときに読み返す、ある会社の社訓に出会いました。それぞれの文は短くて簡単な英語で書かれていることもあって、すごくストレートに強く心に届きます。

THIS IS YOUR **LIFE.**
DO WHAT YOU LOVE,
AND DO IT OFTEN.
IF YOU DON'T LIKE SOMETHING, CHANGE IT.
IF YOU DON'T LIKE YOUR JOB, QUIT.
IF YOU DON'T HAVE ENOUGH TIME, STOP WATCHING TV.
IF YOU ARE LOOKING FOR THE LOVE OF YOUR LIFE, STOP;
THEY WILL BE WAITING FOR YOU WHEN YOU
START DOING THINGS YOU LOVE.
STOP OVER ANALYZING, ALL EMOTIONS ARE BEAUTIFUL.
LIFE IS SIMPLE. WHEN YOU EAT, APPRECIATE
EVERY LAST BITE.
OPEN YOUR MIND, ARMS, AND HEART TO NEW THINGS
AND PEOPLE, WE ARE UNITED IN OUR DIFFERENCES.
ASK THE NEXT PERSON YOU SEE WHAT THEIR PASSION IS,
AND SHARE YOUR INSPIRING DREAM WITH THEM.
TRAVEL OFTEN; GETTING LOST WILL
HELP YOU FIND YOURSELF.
SOME OPPORTUNITIES ONLY COME ONCE, SEIZE THEM.
LIFE IS ABOUT THE PEOPLE YOU MEET, AND
THE THINGS YOU CREATE WITH THEM
SO GO OUT AND START CREATING.
LIFE IS LIVE YOUR DREAM
SHORT. AND SHARE
YOUR PASSION.

THE HOLSTEE MANIFESTO © 2009 WRITTEN BY DAVE, MIKE & FABIAN DESIGN BY RACHAEL WWW.HOLSTEE.COM/MANIFESTO

これはあなたの人生。

自分の好きなことをすればいい。

そしてそれをどんどんやったほうがいい。

何か気に入らないことがあれば、変えればいい。

今の仕事が気に入らなければ、やめればいい。

時間が足りないなら、テレビを見るのをやめればいい。

情熱を傾けるものを探してるなら、探さないで。

あなたが好きなことを始めたときに現れるから。

考えすぎるのはやめて。すべての感情は美しいから。

食事をするときは最後のひと口まで楽しんで。

人生はシンプル。

新しいことや人との出会いに、思考を、両手を、そして心を開いて。

わたしたちは、お互いのちがいで結びついているから。

自分のまわりの人に、なにに情熱を傾けているのか聞いてみて。

そしてあなたの夢も語ってみて。

たくさん旅をして。

道に迷うことは、自分を見つけることだから。

チャンスは一度しか訪れないときもあるから、しっかりつかんで。

人生とは、あなたが出会う人で変わるもの。

そして出会った人たちとあなたが一緒につくるもの。

だから待っていないで、つくりはじめて。

人生はみじかい。

情熱を身にまとって、自分の夢を生きて。　　（訳・岩田リョウコ）

外務省の任期が終わった2011年6月。仕事が一区切りついた今、なんでもできるとしたら、わたしは何がしたいか。ずっとやってみたかったけど、先延ばしにしていたことをするなら、今だと考えて。

何がしたいか。答えはすぐ見つかりました。
「わたしもできたらいいのにな」と思っていたプログラミング。

　それは震災の日、SXSWで出会った人たちがプログラミングで人の役に立つサービスや、人生をもっと楽しく、そして便利にするテクノロジーを作った講演をたくさん聞いたことがきっかけでした。

　でも、なによりも「これはあなたの人生」の言葉の通りに生きたかったから。「人生とは出会う人で変わる。たくさん旅をして迷うことは自分を見つけること」をしてみたかったから。

　31歳、再び大学へ！

LESSON 5

アメリカで
「ベストセラー」
出しちゃった

ちょっとしたきっかけが
「仕事」に転がっていく

Some opportunities only
come once. Seize them!

震災がきっかけで、大学に入り直しました。

わたしが選んだのは、大学生の入る4年制学部ではなく、社会人でも学生でも入れる専門分野に特化したシアトル郊外のベルビュー大学の資格コース。3Dアートから会計、マーケティング、翻訳など、いろいろな専門コースがあり、わたしはウェブサイトをゼロから作れるようになりたかったので「Web Development（ウェブ構築）」コースにしました。

社会人もたくさんいるアメリカの大学

全部で45単位のコース。仕事をしながらでも大体1年〜1年半で修了できます。ウェブ構築を学びたい学生はもちろん、転職したい人や、今よりスキルアップしたい人などが多くて、若者の中にぽつんと中年みたいな感じではなくてホッとしました。**アメリカは社会に出てから学校に行く人が本当に多いです。**

It's never too late to learn.
何かを学ぶのに、遅すぎることは決してない。

この気持ちが強い国です。26歳まで大学院に通い、5年働いてまた学生に。どんだけわたし学生生活好きなんだって話ですが、大人になってからの勉強はやっぱり大変です。

　要領よくできることもあれば、何回覚えようとしてもスコーンと抜けてしまって覚えられないとか、年齢を感じつつも新しいことを学んでそれができるようになるのは楽しかったです。

　入学して最初はプログラミングの基礎HTMLとCSS。そしてデザインはAdobeのIllustratorとPhotoshopから。この4つの基礎を組み合わせて、自分でロゴやイラストをデザイン制作して、コードを書けば簡素な動きをするウェブサイトならつくることができるようになります。

ここからまた、人生が動き出す！

　学期目の2ヶ月でもっと複雑な動きをするためのJava Scriptのクラスを取ると、ウェブサイトもかなり高度に動かせるようになりました。クイズを作ったり、びゅーんとイラストを飛ばしたり。

　学校で習ったことを実践すべく、サイトを作ってみようと考えました。当時はシアトルにいて、飲まず嫌いでまったく飲まなかったコーヒーをちょうど飲み始めた頃。いろんなカフェへ行ったり、コーヒーのトリビアを知ってはよろこんでいたので、コーヒーのサイトにしてみよう！と思ったのが、すべての始まりでした。

　「I Love Coffee」と名付けたサイトを立ち上げたのが、学校に通い始めて3ヶ月後。自分が知ったばかりのコーヒーのトリビアを、

Illustratorを使ってイラストで描いて、それをHTMLとCSSでコードを書いて、サイトにアップすることを始めました。

スタバが一番多いアメリカの州はどこ？

シアトルには、スターバックスの本社があり、スターバックス一色の街。**目を閉じて歩いていても勝手にスターバックスの店内に入ってしまうくらいスターバックスだらけです。**

そんな街に住んでいたので、「アメリカでスターバックスの数が多い州ってどこなんだろう？」と思って、調べてみました。

文章でそれを書くだけではつまらないので、せっかくならったIllustratorを使って色分けして作ってみたインフォグラフィック「A map of which U.S. states have the most number of Starbucks」がこちら。ちなみにインフォグラフィック（infographic）とは、データや情報をわかりやすくイラストで表現したもののこと。

調べた知識をビジュアルでパッと見てわかるようにすると、簡単に新しいことを学べて、他の人にシェアしたくなる。文章じゃなくてこういうかたちでサイトを続けていくと自分の練習にもなるし、読む人もうれしいかも？とサイトの方向性が決まったのが、このマップでした。

「職業別コーヒー摂取量グラフ」を つくったら初バズ！

次に、「どんな仕事をしている人が一番コーヒーを飲んでるのかな？」と知りたくなって、職業別のコーヒー摂取量の調査結果をビジュアルにしてみました。

このインフォグラフィックが、わたしの人生を大きく変えることになりました！

Facebookに投稿すると、ものすごい勢いで「いいね」とシェアが広がっていきました。「おお！ すごいシェアされてる」なんて思ってサイトの訪問者数を見てみると、なんと18万人。

わたしの人生を激変させたインフォグラフィック

LESSON

5

なにが起こっているかしばらくわか
らなかったのですが、どこから
人が流れてきているかを調べて
みると、アメリカの大手メディ
アサイト「Mashable」でし
た。そこがこのインフォグラ
フィックを取り上げて、それを

見た他のニュースサイトが連鎖反応でどんどん同じように取り上げた
のが理由でした。今で言う「バズる」だったのですが、これがきっかけ
で、毎回ページをアップする度にバズるようになりました。

立ち上げ3ヶ月で月間100万PV!

立ち上げてから3ヶ月で月間100万PV（ページビュー）に届
くサイトになり、学校に行ってる場合じゃない！という事
態に。

　毎日どうしたらコーヒーのトリビアをおもしろく簡単にビジュアル
化できるかを考えて、リサーチして、文章とイラストを作って、デザイ
ン化して……を繰り返していたら、それに夢中になってしまい、しかも
莫大な訪問者のおかげで、広告収入だけで生活していけるようになっ
て、これが本業になってしまいました。

　ウェブサイトで生きていくなんて超絶ギャンブラーですよね。ブロ

210

グ書いて広告収入で生きていけるなんて、普通思わないですもんね。まわりによく決めたねと言われましたが、震災の後に「いきなり人生が終わってしまうなら、今やれることをやる」と思ったこと、そして当時読んだ「これはあなたの人生。自分の好きなことをすればいい。そしてそれをどんどんやったほうがいい」という言葉を胸に刻んでいたので、わたしにとっては、そこまで思い切ったことではありませんでした。

「幸運の女神には前髪しかない」って言いますよね。

これだと思うものが見えたら、そのとき思い切ってつかまないと、チャンスは過ぎ去ってしまうもの。

新しいことを始めるのって、やったことがないから怖いのは当たり前だし、やらない理由っていくらでも簡単に作れちゃうんですよね。でも、やってみないとわからないし、完璧なものを待っていて行動しなかったら、最後には何もつかめないんじゃないかなと思います。

あと、だいたいのことはどうにかなる！　極端だけど、死ぬわけじゃないしくらいに思っておくと結構平気かも……。

英語でコーヒーの豆知識、覚えちゃおう!

Coffee beans are actually seeds from coffee cherries.
コーヒー豆はコーヒーの実の種。

It takes 40 coffee beans to make an espresso shot.
1杯のエスプレッソショットをつくるためには
40粒のコーヒー豆が必要。

The world record for the most coffee consumed
by one person is 82 cups in 7 hours.
ひとりの人が飲んだコーヒーの量の世界記録は7時間で82杯。

1/3 of all coffee in the world comes from Brazil.
世界中のコーヒーの3分の1はブラジル産。

Coffee is the second most traded product in the
world after petroleum.
コーヒーは石油についで世界で2番目に取引されているもの。

The best time for a coffee is around 2 pm
according to science.
科学的にコーヒーを飲むのに最適な時間は午後2時。

Coffee has 0 calories.
コーヒーのカロリーはゼロ。

The amount of caffeine in a grande coffee contains
the equivalent of 9.5 cans of coke.
グランデサイズのコーヒーに含まれるカフェイン量は、
コーラ9.5缶分。

A lethal dose of coffee for an adult is 100 cups.
コーヒーの致死量は100杯。

Finland consumes more coffee than any other country
in the world. (Per Capita)
フィンランドは世界で一番1人当たりのコーヒー消費量の多い国。

アメリカで本を、出す!?

1ミリも想像してなかったことが起こるってあるんだなぁと今でも思うのが、最初の出版です。時に運命というのは、強く望んでいなくても道を示してくるものなのかなと思います。本を出版する話が舞い込んできたのは2014年。コーヒーのサイトを始めて1年半経ったときでした。

編集者から、なぞのメール

友人の出版パーティに参加したりで何度か顔を合わせていた出版社の編集者さんからある日、連絡が。

I think you've got enough material on your site by now to make a book, don't you think?
コーヒーサイトも、そろそろ書籍化できるくらい
内容が充実したんじゃないかしら？

「はい？　なに前提の話でしょうか？」
と思ったんですが、アメリカらしい言い回しですよね。ストレートに言うと、

Let's make a book.　本にしましょう。

って意味なんですが、そのときは冗談か何かだと思って、まったくピンと来なかったのは、「わたし＝出版」という構図を人生の中で一度も思い浮かべたことがなかったから。「宇宙が好きなら、自分で宇宙船操縦してみたらどう？」って言われるくらい、わたしとはまったく関係のないことだと思っていたので、ポカーンでした。

そんなふうに声をかけてきた出版社「Andrews McMeel Publishing」は、スヌーピーが登場する『ピーナッツ』やオレンジの猫の『ガーフィールド』などを出している大手の老舗出版社。これまで作ったコーヒーサイトのコンテンツに、書籍用書き下ろしを加えて本にしよう、ということになりました。

日本とアメリカ、本ができるまでのちがい

人生ではじめての出版がアメリカだったので、アメリカの出版の手順が世界共通だと思っていたら、のちに日本に戻ってきて日本で本を出してアメリカと日本の出版がだいぶちがうことがわかりました。

まず編集者から声がかかり、編集者が企画書を通して、部数、印税のパーセンテージ、契約金が決まり正式に「オファー」をもらいます。

その時点で諸々の取り決めがすべて盛り込まれた5センチくらいある

契約書を取り交わします。アメリカでは、例えば契約金の総額が1万ドルだったとしたら、その半分の5000ドルが本を書き始める前の契約時にもらえます。本を書いている間はそれに集中する(＝無収入になる)ので、この5000ドルで生活しながら書いてね、という前払金です。

その後、すべてが書き終わって出版すると、残りの半分がもらえます。それから本が発売されて、最初にもらった1万ドルを売り上げが上回ったら、そこから印税がパーセンテージで払われていきます。1万ドルを超える売り上げを出さない場合は、1万ドルで終わり、それ以上売れたら1冊ずつカウントされて年に2回まとめて支払われる仕組みです。

ちなみにわたしは、本を書き終わってもらった契約金で速攻、車を買いました。キャッシュで。気持ちよかったです！

ところで、日本で最初に出版したときにびっくりしたんですが、契約書は書き終わるまでなし、お金も書き終わって数ヶ月してから支払われます。これ、何ヶ月もかけて書いてるのに、契約してなくて「やっぱりナシで」って言われたら震えるくらい怖いって思いながら書いていました。でも日本ではこれが普通みたいです。日本は契約金はなく、部数 x 印税のパーセンテージで支払われます。例えば2000部刷られて、増版しなかったら、初版の印税だけで終わりです。部数が伸びて何度も刷られると印税が入ってきます。なので、**わたしが一番好きな言葉は「重版出来（じゅうはんしゅったい）」です。**

シアトルのカフェでひたすら書いた日々

さて、アメリカでの執筆の話に戻ります。サイトの中から既存のどれを本に採用するか話し合ってから、書き下ろし内容を考え始めます。その時点でコーヒーサイトを1年半やっていたので、もう新しい案が出てこない！　さらにはウェブのようにアップデートできないので、数年後に読んでも変わらない情報でなくてはいけない！　**書き下ろし分のネタ出しにかなり苦しみました。**

朝からカフェへ行き、パソコンを開き、ネタになる調べ物をしているだけで1日が終わったり、書き始めても「うーん、なんかしっくりこない……」でボツにしたり。

今でも、朝から晩までずっと居座らせてくれたシアトルのカフェには、「あのときはオフィスがわりに使わせてくれてありがとうございます」と思っています。コーヒーのことを知りすぎてしまい、もうあまり疑問も浮かばなくなってきていたので、コーヒーに詳しくない友人たちに、

Is there anything you want to know about coffee?
なにかコーヒーの疑問ある？

めちゃ大変……

がんばれ！

と聞き取り調査してみたりしながら、ついに3ヶ月後書き下ろし分を完成させて、ページ数達成！　タイトルは『Coffee Gives Me Superpowers』です。

アメリカの本、
できるまで時間がかかるかかる！

本って、書くのにこんなに時間がかかる上に、涙と体力と忍耐と苦悩が満載だとは思ってもみなかった……。さらには、本を書き終えてデザインも入れて、すべて終了してわたしの手を離れてから、出版されるまで1年弱かかりました。アメリカでは、中国で大量印刷して、コンテナ船で再びアメリカに運んでくるからです。「こんなにがんばった本が出版される頃、わたしはこの世にいない可能性もあるな」と思ったりしました。

発売を1ヶ月後に控えた2015年3月。わたしはなんとかまだ生きていて、無事に本も印刷されて、Amazonにもわたしの本のページができあがりました。すると翌週、担当編集者のPattyからメールが。

Amazon customers ordered 1,009 copies of Coffee Gives Me Superpowers last week! Congrats!
先週だけでAmazonで1009冊の予約が入ったのよ！
おめでとう！

発売前の1週間で1009冊。まだそのときは、それがすごいことなのか、そういうものなのか、よくわかっていませんでした。そして発売の2週間前。Pattyから、またメールが。

We're going for a second
printing of Coffee Gives
Me Superpowers (YAY!).
We're printing another 12,500 copies.
2刷目が決まりました（イエーイ！）。また1万2500部刷ります。

　なんと発売前に初版が売り切れてしまい、2刷目に突入。たぶん
これはすごいのでは？となんとなく感じました。そして出版当日、
Amazonも在庫切れ。全米の本屋さんでもすぐに売り切れてしまい、
追加注文がたくさん入ったそうです。Amazonは7000冊も注文し
てくれたと連絡を受けました。
　その日、わたしがPattyに送ったメールを見てみると、

Thank you so much for helping me get this book
published. I feel like I just had a baby come out
after being pregnant for 12 months.
この本の出版を手伝ってくれて本当にありがとう。
12ヶ月ずっと妊婦で、今日やっと赤ちゃんが
出てきてくれたような気分。

と書いていました。本を作ろうと言ってくれた編集者Pattyは、わ
たしの可能性を広げてくれました。はじめてのことで時間もかかっ
て、辛かったけど書き終えて、こうして売れたのは彼女のおかげです。

はじめての本が全米ベストセラーに！

ありがたいことに、そんな感じで売れ続け、Amazonのベストセラーになり、これまでに5回重版されて、**中国、台湾、ロシア、韓国、日本で翻訳版が発売されました**。重版が続き、翻訳版の契約書にサインをしながらも、どこか他人事……。自分に起こっていることだとは思えないままでしたが、ちゃんと銀行にお金が入ってきていたので、すべてリアルでした。

I run a website about coffee.
コーヒーのブログをやっています。

と言うと、以前は、

Oh cool. And what's your real job?
いいね〜、で、本当の仕事は何をしてるの？

と聞かれていたのに、

Are you the I Love Coffee girl?
もしかして、I Love Coffee の人？

と聞かれるようになりました。「インターネットをしている人なら一

度は見たことがあるコーヒーのサイト＝I Love Coffee」になっていることは感じていました。ただ、わたしは顔を出していなかったので、サイトがバズって本が売れても街で声をかけられることはなかったし、生活としては特に変わったことはなかったです。

　アメリカで本を出版したことで自分にとって一番大きかったのは、売れたことでも、重版したことでも、翻訳版が出たことでもなく、「ホッとしたこと」です。

　なんとなく流れでウェブサイトを運営することになり、結果、学歴も教育というキャリアもポイッとしてしまったことに、ずっとうしろめたさのようなものを感じていました。
　でも「本」になったことで、インターネットがなにかわからない祖母、ウェブで食べてくのがどういうことか理解できていなかった家族に、目に見える「大丈夫」を見せられて、まわりを安心させられたことにホッとしました。

　そしてこの出版が、またわたしを次の道へ導くのですが、それはまたのちほど……。

長年住んだアメリカから
日本に移り住んだ理由

Don't fear change. Everything
is going to be fine in the end!

　はじめてアメリカに住んだのは22歳、交換留学で行ったワシントン州ベリンガム。そこから24歳、大学院でコロラド州ボルダー。卒業後は仕事でイリノイ州シカゴ。またコロラドに戻り、27歳で一旦帰国。29歳で仕事でワシントン州シアトルに。そこからはずっとシアトルですが、1年だけカリフォルニア州サンフランシスコに住んで、またシアトルに戻ったり。なんだかんだで約10年アメリカに住んでいました。

「アメリカにしかもう住めない」と
思っていたけど

　アメリカに住んでいるときは年に1、2度日本に帰国していました。久々の日本はいつだって食べ物がおいしく、お風呂は深くて温かい。そしてみんな親切。だけど1週間もすると「早くアメリカに戻りたいな」と思っていました。

　日本で生まれ育ったのにもかかわらず、20代の自己成長期をアメリカで過ごしたことが大きかったのか、日本を窮屈に感じてしまって、わたしは日本には住めないなってずっと思っていました。

　とはいえ、日本とアメリカ、どちらにも住んで見えてきた、いいとこ

ろ、よくないところ、わたしに合うところ、合わないところがあります。

アメリカの「やってみたら?」精神

2 0代はアメリカ文化に触れ始めたばかりで、アメリカのすべてがエキサイティングでした。アメリカらしい自由を感じられるのが好きだったこともあり、**日本に帰りたいと思ったことは一度もありませんでした。**

もちろん英語がそこまで上手じゃなくて大学院の勉強について行くのもすごく大変だったり、英語での苦労はありましたが、それさえ楽しかったのは「若さ」が理由かもしれません。

30代前半は仕事が中心だったのと、外務省というガッチガチの日本の組織に所属しながらアメリカで働くという、ちょっと特殊な環境だったこともあり、日本とアメリカの半々を味わっている感じでした。

でもやっぱり日本の組織には「やったらダメ」なことが多いのに対し、アメリカは「やってみたら?」というチャレンジする前向きな姿勢が多いなと感じていました。

その反対に、言わなくても気を回して仕事をする日本人が多い中、自分の仕事じゃなければ言われない限りやらないアメリカ人が多いなぁという印象もあります。もちろん人種も文化も大きな外枠で、最終的には気が合うか、仕事がやりやすいかなどはすべてその人個人によるのだと思います。

そんな感じで居心地のよかったアメリカに「アメリカ、もういいや！」と別れを告げて完全帰国する日が来るとは、自分でも驚きです。

トランプが出てきて一変……

2016年、アメリカは揺れていました。大統領選です。みんなが大好きだったオバマ大統領が任期を満了して、次の候補はリベラルな民主党がヒラリー・クリントン。対する保守的な共和党の候補は、みなさんご存じドナルド・トランプ。

アメリカは日本とちがって、若者からおじいさんおばあちゃんまで普段からすごく政治の話をします。 政治の話をするときは同じ思考の人同士だととても盛り上がりますが、相手がどこを支持しているかわからないときは相手の出方をうかがって同じようなら話す、そうでなければ話さないほうが安全、みたいな駆け引きもあります。

政治の考え方が合わなくてケンカするカップルもいるし、友だち同士で話していても政治思考が合わないと、かなり気まずくなることも。政治思想が合わない人は友だちにはなれない、付き合うのは無理、という人もいます。それくらい政治はアメリカ人のコアなところにあります。

わたしがこれまで住んできた州（ワシントン、コロラド、イリノイ、カリフォルニア）はすべて、とってもリベラル派。

わたしのまわりもリベラルな人ばかり。いわゆる保守層に会った

ことがなかったので、政治の話をすれば普通にまわりは全同意という環境でした。共和党支持者ってどこにいるの？くらいマイノリティだと思っていたのです。

「なんか日本、いいぞ？」

と ころが共和党のトランプ氏が勝利。2017年1月、第45代アメリカ合衆国大統領に就任しました。2016年にトランプ氏の勝利が決まったとき、移民や外国人に対して厳しい共和党が政権を握るアメリカで、高額な弁護士費用を払ってビザをキープしてでもアメリカに「住まわせて」もらいたいのかなと考え始めていました。

と同時にアメリカで出版した『Coffee Gives Me Superpowers』がついに日本でも翻訳出版されることになったので（自分の国なのに翻訳出版って不思議な感じ）出版に合わせて2017年年始に一時帰国……のつもりがなんと、2023年現在、まだそのまま日本にいます。すでに6年。

アメリカ文化も人もすごく好きでしたが、アメリカではやっぱりわたしはいつまでたっても外国人。外国人だからとだまされたり下に見られたり、わからないからって損をするのは嫌だという思いから、強く生きなくちゃ、とずっと思っていたところがあります。

当然ですが、日本ではそれがありません。ルールやしきたり、上下関係、常識などの生きづらさみたいなところはありますが、自分の年

齢のせいか、時代が変わったのか、わたしが組織や会社で働く人ではないことも大きかったかもしれませんが、一時帰国中に「なんか日本、いいぞ？」と住みやすく感じ始めていました。

サウナと出会ってしまった！

　もうひとつ大きかったのがサウナ。日本に帰ってきてすぐにサウナと出会い、ものすごくハマってしまって**日本のサウナを巡るのが楽しくてしかたなくなってしまったのです。**

　実はアメリカに住んでいるときに一番恋しかったものは「お風呂」。わたしはお風呂が大好きで、1日に数回入る日もあるくらい。

　それなのにアメリカはお風呂に入る習慣がないため、バスタブも浅く、お湯を張って肩まで浸かることができない……という反動もあり、日本のサウナ文化に強烈に興味を持つようになり、さらにはフィンランドへサウナ旅に行くまでに。

　そうこうしてる間に、あれよあれよと半年。アメリカにおいてきた車も家財道具もなんとかしなきゃと思っていたときには、もう気持ちは決まっていました、日本に住むぞ、と。

忘れないよ、アメリカ生活

2017年の夏、一旦シアトルに戻ってすべてを処分して、日本に戻る前日の夜。

シアトルの見慣れたきれいな夜景を眺めながら、これで完全にわたしのアメリカ生活は終わるんだなぁと思ったら、やっぱりさみしい思いになりました。「でもまたいつでも戻ってこられるし、シアトルはわたしの第二の故郷だもん！」と思っていたはずが、恐ろしいですね、もう5年以上シアトルに行っていません。

ごめん、シアトル、忘れてないよ、コロナのせいなんだよ……。

友だちに「そんなに長くアメリカに住んでいたのに、日本でなじめる？　アメリカに帰りたくない？」と聞かれることがよくあります。

たぶん、そのときの自分が一番しっくりくる居場所っていうのがあるんだと思います。40代でアメリカに引っ越すことがしっくりくる人もいれば、わたしのように30代後半で日本がしっくりくる人もいるわけです。

わたしは仕事や家族で引っ越すなどの事情がない限り、アメリカに住むのはもういいかな、と思っています。今でもアメリカは好きだし、たくさんの経験をくれたアメリカには感謝しているし、アメリカのこんなところが好きだったなぁと懐かしむことはたくさんあります。でも、今のわたしには日本がしっくりくるみたい。それがわかって楽になりました。

「英語力」をキープする
オンライン英会話活用法

The first step is always the hardest

　アメリカ生活10年を経て日本に住み始めた当初は、服装や行動もアメリカっぽさが抜けずにいたけれど、1年もたてばすっかり純日本人に元通り（と自分では思っています）。

　そして帰国してからこの本を書き始めた2022年5月までの5年、英語はほとんど話してませんでした。日本にいるから英語は必要ないとはいえ、アメリカやイギリスにいる友だちとビデオ通話をするときに気づく自分の英語力の低下。

ちょっとした英単語が出てこない！

単語が思い出せない、ちょっと考えないと文章もスラスラ出てこない、英語特有の気の利いたジョークや小話もできなくなってしまいました。

　ただ、読むこと・聞くことだけは日常的にインターネットで英語のニュースを読んだり、海外ドラマや映画を見たりしているのでキープされているのですが、**とにかくしゃべってないからしゃべれない**。10年の英語を失うのがこんなに簡単だったなんてショックです。

わたしって、教えにくい生徒？

れはなんとかしなきゃいけない
と、思い切ってオンライン英会
話に登録してみました。まずは、日常的
に英語を話すことから。

　最初にお試しでやってみたのは、レッスン回数無制限、24時間い
つでも、1日何度でも予約なしで受講可能のスクール。気が向いた
時にパッとログインして短くレッスンを受けられるのがいいなぁと
思ってトライしてみました。オンライン中の先生を選んでクリック
するとすぐに開始。先生はフィリピン人。自己紹介をして、先生の
質問に答えたり、テキストの文章を読んだり。そのうち先生が困っ
た様子で、

**Your English is really good, I don't know why you're
taking English lessons here. You must have spent
some time abroad, right?**
英語がうまいのに、なんでこれを受けてるの？
海外に住んでたでしょ？

と……。わたしも授業を受けながら薄々感づいていました。**先生
の英語、わたしの英語と同じレベルっぽい。**そりゃ「なんでここにい
るの？」ですよね。しばらく英語を話してなかったから、話すことに

慣れたかったと説明しましたが、ただの英語が話せる外国人同士のお
しゃべりタイムになってしまって、さすがに先生もやりにくそう。

　わたしは、もしかしたらいちばん教えにくいレベルの生徒なのかも
しれない。コミュニケーションに問題もなければ、文法も発音も小さ
なまちがいはあるけれど意味は通じてしまう。その微妙なニュアン
スや小さなまちがいは英語のネイティブの先生しか気付けない。も
う一度スクール選びのやり直し！

ネイティブ先生はゴリゴリのイギリス英語

次は英語ネイティブの先生しかいないスクールにお試し登録。
週2回、1回20分の個人レッスンに加えて、グループレッス
ンは無制限で受け放題です。冒頭の自己紹介で「たぶんコミュニケー
ションに問題はないけれど、細かいまちがいをするから、そのまちが
いを話の途中でも止めて直してほしい」とお願いをすることにして
みました。当たった先生はゴリッゴリのイギリス人。

Oh, you speak with an American accent.
It hurts my ears! Just kidding.
めちゃめちゃアメリカの英語で話すね〜。
くだけすぎてて耳が痛いよ！　なーんて冗談冗談！

と、そこそこ緊張しているわたしにブラックジョークをかまして

きた。そう、アメリカ人やアメリカ英語を話す側としては「イギリス英語かっけー！」なんですが、イギリス英語を話す側は「アメリカ英語ってなんかチャラチャラしてるな」って感じみたいです。

先生はリクエスト通り、会話の区切りでまちがえていたところを教えてくれて、発音をやり直したり、こっちの単語のほうがいいと教えてくれたりしました。まさに希望通りのレッスンだったので、そのまま本登録しました。とりあえず1ヶ月やるぞ！

「英会話を始めた！」と友だちに話すと、「アメリカに住んでいたのに英会話？」とびっくりされたりもしましたが、もうずっと誰にも直してもらえていないまま止まっている英会話力を上げたいこと、そして何よりも「**話すことに慣れて、閉まっている引き出しを開ける**」ことを目指して始めました。とにかくまずは毎日やる、習慣づける訓練。

できれば毎日、続けることが大事

と　いうのも、わたしは毎日続けるというコツコツ系が本当に苦手。強制されない限り、自発的には続けられません。「お金を払っている」「回数を消費しないといけない」というプレッシャー

を自分にかけて、どんなに面倒くさくても毎日20分の時間を見つけ
てレッスンを受ける習慣を身につけることから始めました。

　何かを始める最初の一歩を踏み出すのって、むずかしいですよね。
時間ができたらとか、ちょっと落ち着いたらとか、なぜか後回しにし
たり、先延ばしにしたりしがち。
　でも始めざるをえない状況に持っていくと結構最初の勢いがつく
かもしれないですね。わたしはお金を払ったというのとは別に、数人
の友人に「とりあえず1ヶ月英会話毎日やる！」と宣言をしました。
宣言したのに結局やらなかった、だとちょっとダサい。そんな恥ずか
しめの刑を自分に科してしてスタートしました。

　アメリカに長く住んでいたわたしでも、久々に英語を話すとドギマ
ギしてしまいますし、思ったように言葉はスッと出ないんです。
　英語を毎日聞いていても、実際に声に出して誰かとしゃべってみな
いと英語は上達しません。しゃべっていると、自然と聞いていた言葉
をさらっと使っている自分に気づいたりして、「あれ、わたし今はじ
めての言葉、無意識で使えた」とうれしくなっちゃいます。「聞く」
「話す」は別の能力でそれぞれに訓練が必要だけれど、結果つながっ
ているんだなと気づきます。

　コツコツ型じゃないみなさん、まずは1ヶ月と決めてやってみると
いうのはどうでしょう？

わたしが試してみた英語免ら3金サイト・アプリ

オンライン英会話

Native camp
フィリピン人の先生が多め。日本人の先生もたくさん。

Cambly
ネイティブの先生のみ。24時間いつでも受けられるのが Good!
今はこれがしっくりきています！

EF English
ネイティブの先生のみ。1対1のレッスンは予約制、グループレッスンは
無制限、いつでも予約なし。

シャドーイング

LingoChamp
ハリウッドスターのインタビューや映画のフレーズなどを聞いて、アフレコ・シャ
ドーイング。発音が正しくなるまでクリアできない仕組み。なかなか厳しくて
やりがいがあります。ほかにも AI と英会話レッスンもあります。

リスニング

Red kiwi
映画やアメリカで人気のトークショーを見ながら、セリフの空欄を埋めていく
練習ができます。リアルな教材なので、楽しい！

TEDICT
テクノロジー、科学、自己啓発などのプレゼンテーションをおこなう TED
トークを日本語・英語の字幕付きで見られます。しかも字幕で知らない単語
があればタップするだけで辞書で引いてくれます。

ちなみにわたしがよく見るトークショー

- 「ザ・レイト・ショー・ウィズ・スティーヴン・コルベア」
- 「ジミー・キンメル・ライブ！」
- 「ラスト・ウィーク・トゥナイト・ウィズ・ジョン・オリバー」

英文組み立て

Duolingo
聞き取った英語や書いてある日本語を英語にして、車両のようにつなげて
文章を作る練習ができます。

さて、週1回の英会話で、英語はうまくなる？

Learning English is like going to the gym

　英会話レッスンを受け始めて、ある疑問が浮かびました。初級者の場合、週1回オンライン英会話を続けるとしたら、どれくらい英語が話せるようになるのかな？ということです。

英語を話すための「筋肉」？

　わたしは学びに関しては、じつは直感型ではありません。しっかり意味がわかって理解できない限りものにならない、時間のかかるタイプです。例えば英語の文法について、どうしてそうなるのか、ルールと法則をわかりたい。わかれば自信を持って使えるし、それを応用できるようになるからです。もちろん、説明がなくてもスッと入ってそれをすぐに使えるタイプの人もいます。本当にうらやましいのですが。

　週1回20分の英会話で、英語が上達するというよりも、英語を話すことに慣れる、英語を話すための「筋肉」を動かす、自分が知ってる英語を試す、時間なのかもしれません。

英会話だから外国人の先生がいい？

いろいろ考えた末に、わたしがおすすめしたいのは、**初級なら日本人の先生に習うこと。**

　日本人の先生は、自分も英語を勉強した過去があって先生になっているので、英語学習者が直面する壁や疑問がわかります。しかもちょっとした英語の疑問に対して、説明を日本語でしてくれるから、ふんわりじゃなくてガッチリ理解することできます。外国人の先生では、「どうしてそうなるの？」という質問を英語でするのも、答えを理解するのも大変ですしね。

　まずは**日本人の先生から英語をしっかりインプットして、アウトプットとしてしゃべる練習は外国人の先生とする**。先生ダブル使いは、贅沢ですが、上達する早道なんじゃないかな、と思います。

やっぱり大事な「リスニング」について

あと、英会話というと話すことにフォーカスしがちですが、実はリスニングってかなり大事だとわたしは思っています。話すのはつたなくても、アクセントがちょっと変でも、文法がまちがっていても、おおよそのことはなんとか伝わります。
ただ、リスニングは、聞けないともう話にならない！

　相手の言っていることがわからないと、会話にならないし、観光で「How do I get to the station?」をフレーズとして覚えていて流暢に

言えたとしても、相手の道順の説明が聞き取れないのでは、英語の本質を失っています。

　でも日本に住んでいたら、もちろん聞こえてくる言語は日本語。話すのも日本語。すべて日本語に囲まれている環境では、リスニングのスキルをあげるのはむずかしいですよね。英語に触れる時間を意識的に増やして、生活に取り入れるしかありません。それって、結構大変なことです。だから、それが**週に1回の英会話だったとしても、英語字幕で映画を観る、だったとしても、意識して行動できたら、その行動こそがとても大きな一歩です。**

　そしてその先に目標を作っておくと、継続がしやすいと思います。「3ヶ月後にハワイへひとり旅に行くぞ」とか。わたしがオンライン英会話をはじめたのは、5年ぶりにアメリカへ行って向こうにいる親戚や友人と話すときに、言葉が出てこないんじゃ困ってしまうので、英語を戻しておきたいという目標がありました。アメリカへ行くまでの2ヶ月みっちりやるぞ！って決めてやりました（おかげで会話はバッチリ！）。

　英語は筋トレと同じ。わたしみたいに5年も休んだら、そのぶんボロッボロに衰えちゃいます。戻すのには結構な努力と時間が必要なので、少しでもいいから、とにかく続けることがやっぱり大切ですね。

ちょっと勇気を持って一歩踏み出して、はじめる。でも自分の好きなやり方で、無理なく、楽しく。それを続けていれば、いつの間にか「あれ、聞けるようになってる？」「あ、今、自然に新しい言葉使ってた！」など自分の成長にハッとするときがくると思います。

　最後に、英語で話すときは「なんとかなる」の精神を忘れずに！

5年ぶりの
アメリカ旅日記

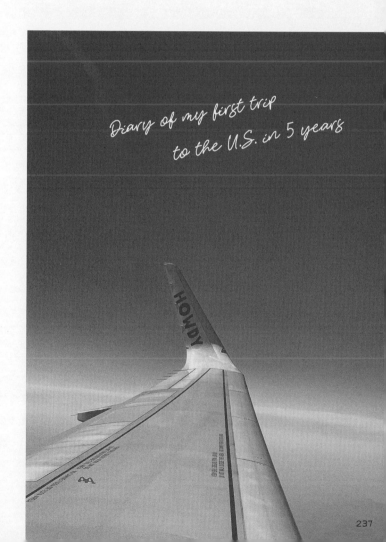

Diary of my first trip
to the U.S. in 5 years

アメリカ入国に、新型コロナウイルスの「陰性証明書」が必要なくなったこともあり、思い切って5年ぶりにアメリカへ。21歳からアメリカと日本を行き来していて、こんなに長くアメリカの地に足を踏み入れなかったのははじめてです。緊張と期待と不安と楽しみが混じった「5年ぶりのアメリカ旅日記」です。

Day 1

| SEPTEMBER 1, 2022

入国審査 ── わたし「運び屋」じゃないです！

アメリカに到着。なつかしいにおい。でもすぐにピリッと緊張です。なぜなら入国審査があるから。何度か別室に連れて行かれていたトラウマで、なにも悪いことしてないのに毎回緊張してしまう入国審査。ただの観光なのに、今回も緊張が半端ない。

なぜかというと、不法滞在を疑われるプロファイリングに当てはまるから……だと勝手に思い込んで、毎回緊張するんです。

日本人女性がひとりで観光ビザでアメリカ入国って、留学でも仕事でもないのに怪しいでしょ？　しかも英語が話せる。よくあるのが、実は遠距離でアメリカに彼氏がいて、観光ビザで入国して、暮

らし始めて不法滞在→グリーンカード申請っていうケース。ちがうの、ちがうの、アメリカに住もうなんて気はさらさらない！ 本当にただのひとり旅なのに無駄に怖くなって来ました。

　なんて勝手にびびっていたら、わたしの番が来ました。入国審査官って、なんでこんなに不機嫌なんだろう、アメリカ人って知らない人にもとってもフレンドリーなのに。この人たちわざと不機嫌な演技してそう……。

What's the purpose of your visit?　旅の目的は？

　不法に住み着いて、そのままグリーンカードなんて狙ってませんよアピールで「*Vacation, but just for a week*」
と答える。すぐ帰るただの観光客だから！

Where are you going?
Where are you staying? What are you going to do?

　などなど、定型の質問なはずなのに、すべてにビクビクして汗だく。でも、もちろん本当に何も怪しくないので、無事に通過できました。ほっ。
　さっさと荷物とって行こーっと歩いていると、出口近くで強面の警察官にいきなり止められました。ああ、結局止められる運命なん

だ。なにも悪いことなんてしてないのに血の気が引きます。

Can I check your luggage?
荷物を全部チェックさせてもらえるか？

　と。荷物をすべて開けて、スーツケースの裏地からブラジャーの
パットの中身まですべてチェックされています。不法グリーンカー
ドどころか、わたし運び屋だと思われてる！　歯ぎしり防止のリ
テーナーの洗浄剤まで、

What's this for?　これはなんだ？

　などと、まさに隅々まで荷物チェックされながら、根掘り葉掘り
今回の旅行について聞かれました。そして話はわたしの仕事になり
ました。本を書いてると言うと、

Tell me about your books.　今まで書いた本を説明してみろ。

　フィンランド、コーヒー、ビール、サウナと一生懸命説明すると
まわりにいた他の警官が加わってきてコーヒー談義に。

I can't drink coffee without milk, is there a good way to start drinking just drip coffee?
おれはミルクなしで飲めないんだけど、

どうしたらブラック飲めるようになるか教えてくれ。

　いや、今ね、わたしそれどころじゃないの。強面の警官はむずかしい顔でパソコンの画面をめちゃくちゃ見てる。わたしが過去に長くアメリカに住んでたこと、日本のお菓子を持ち込んで没収されていることがそこに書いてあるの!?　それが気になって、ミルクもブラックもどうでもいい！ すると、強面警官も確認がすんだのか、

What's your next book?　次の本はなんだ？

　とか興味なのか、尋問なのかわからない質問で参加してきました。もう行かせてくれ〜！というわけで、15分ほどとことん検査されて解放。スタートからいきなりドッキドキのアメリカ。入国して5分でこれだけの事件です。いったいどうなることやら。

　空港の外に出ると、景色が一気にアメリカらしくなりました。あたりまえだけれど、外国人しかいません（ていうかここではわたしが外国人だし）。

　そして聞こえてくる言葉は英語。看板の表記も英語。あー、この感覚5年ぶり。21歳からこれだけ長くアメリカに行かなかったことはないので、なんだか母校である小学校に、大人になってから行くような、懐かしいけど、なじみのある感じで不思議。そして相変わら

ず、空港の係の人はしゃべりながら仕事してるので、自分に話しかけてるのかひとりごとなのかわからなくて困る！　アメリカらしい。

　この日は、着いて早々、久々の運転。いきなり左折で反対車線に突っ込んでクラクションの嵐でした。日本とアメリカは道路が反対！　アメリカの左折は、日本の右折と一緒で道路の中央までぐっと前に出て対向車が来ない隙に曲がります。右折は道路沿いに。忘れてたわけじゃないけど、すっかり日本になじんだんだなと感じました。

「コロナってなんだっけ？」の2022年アメリカ

　時差ボケはあまりなし！　昨晩は12時ごろ寝て、今朝は6時ごろ起きました。そういえば、空港では、まだマスクをしている人がちらほらいたけれど、街中へ行くとマスクをしている人はほぼ見当たりません。それくらいアメリカはすでに「コロナってなんだっけ？」の世界になっています。

　初日はマスクなしでいいのかな？なんてちょっと警戒、というか様子見だったけれど、なんとすでに、もうマスクの存在を忘れかけています。マスクをしていると「この人は今、コロナかかってるからマスクしてる」と逆に疑われる感じまでします。

夜は親友にジャズバーへ連れて行ってもらいました。ここで演奏しているおじさんジャズミュージシャンたちは、恐らく本業は他にあって、こうしてたまに集まって演奏している人たちなので、プロらしい演奏ではないけれど、本人たちが一番楽しそうで、生き生きとしていました。

　そんな楽しい雰囲気に、お客さんも立ち上がってみんなで踊り始めます。日本では、誰かが踊り出したら「やだちょっとあの人見て」状態だけれど、アメリカでは自分もと、どんどん席を立って皆が踊り始めます。しかも演奏者は自分の演奏がないときには、スマホを見てましたね。自由！

　人にどう見られるかより自分がどうしたいかが大事。そんなところがアメリカだったなって思い出しました。

　あともうひとつ思い出したのはアメリカの食事の高さ。住んでいたらそれが普通になるので感じていなかったけれど、おしゃれなカフェで1品ランチとコーヒー、2人で60ドル。日本円なら9000円近いです。

　アメリカに住んでいたときは、ビールを全然飲まなかったので、今回はブルワリー巡りも楽しみにしていたことのひとつ。思っていた以上にアメリカのブルワリーの多さと質の高さは圧倒的でした。ビールは5オンス（150ミリリットル）というミニサイズが増えてきているようで、アルコールに弱いわたしでも気がねなく注文できて、いろんな種類が飲めるからありがたいです。

初日は、「久々のアメリカどうかな？」とちょっと不安だったり「みんな英語しゃべってる〜！」と外国に来た感いっぱいだったけれど、2日目でもうすっかりアメリカに慣れてきています。意外とわたしの中のアメリカは、まだまだ根強く生き残っていたみたい。

Day 3

大好き、アメリカの朝ごはん！

出国2日前から現地時間に合わせて日本で変な時間で生活していたおかげで、いつもだったら平気で1週間はかかる時差ボケがほぼなく、12時ごろにはウトウトして6時頃には目が覚めるという健康生活。日本に帰ってもこんな感じで早寝早起きをキープしたい！わたしはアメリカの朝ごはんが本当に大好きで、日本に住んでいて、

What do you miss about America?
アメリカで恋しいことある？

と聞かれると必ず「アメリカの朝ごはん」と答えていましたが、ついにアメリカの朝ごはんに再会！　本当に恋しかったので、滞在中毎日朝ごはんを食べに行きました。朝起きてすぐにレストランやダイナーへ行って、コーヒーを頼んで食事を待つ。朝から、誰かが

作ってくれるごはんを外食できるのも好きだし、朝ごはん屋さんは
アメリカの文化をたくさん感じられます。

　たまご、トースト、野菜、フルーツ、パンケーキ、ビールだってあ
ります。朝から自分の好きにしていいよっていう感じが好きなのか
もしれません。おかげで借りているAirBnBの大きなキッチンは一
度も使わずじまいです。

I love coffee

Delicious Breakfast

念願のサウナ in アメリカ

今日は少しお買い物。アメリカに住んでいたときにいつも行っていたスーパー「TARGET」に行きました。食料品、衣料品、家具、食器、寝具、なんでも売っています。日本で言うならイオンモールとか、イトーヨーカドーみたいな感じですかね。

服売り場へ行くと、広告のモデルがふくよかな人だったので、ここはプラスサイズの売り場なのかと思ってグルグル回ってみると、服売り場はそこしかありませんでした。

広告のモデルは、いかにもな細くてスタイルのいいモデルではなくて多様化していたし、もうモデルを見て売り場を探す概念ではなくなったんだなぁと、わたしの概念もそちらにスイッチしておきました。

そして4日目で、念願のサウナへ。アメリカにはサウナが全然ないです。わたしにとって致命的。日本にいる間にリサーチしておいて、ひとついいロシアンサウナ（バーニャ）を見つけたので、ここで1日過ごすぞと思っていたのに、男性専用とわかってすごく落ち込みました。

サウナを好きになったばかりの頃、いいサウナ施設が男性専用で

Russian Sauna

落ち込むことばかりだったけど、今では「はい、男性専用ね」と受け流すことができるようになったのに、さすがにこれだけサウナに行っていなくて唯一あるいいサウナが男性専用だと落ち込みました。

　しょうがなく二番手へ。水風呂なし。でもサウナ室はなかなか。目を閉じて連れてこられて「このサウナどこだ？」って聞かれたら新大久保のルビーパレスと答えてしまうかもっていうくらい、セッティングがとても似ていました。サウナをあがったら罰ゲームみたいに天井から吊り下げられたバケツの水をひっくり返してかぶるシステム。水温は25度くらいかな……。時差ボケが出てきたのか休憩中に寝てしまいました。異国の地でなんたる無防備！

　「ととのう」というよりは、体の悪いものを汗で出せたからスッキリして気持ちよかったです。

Day 5

フレンドリーなアメリカのレストラン

今日も朝ごはんは外で。レストランの店員さんは友だちと話すようにフレンドリーで、日本とは雰囲気が全然ちがいます。テーブルに担当があるから、食事してる間は専属のウェイトレス・ウェイターさんがつきます。テーブルに着いてから、店を出るまで全部お世話してくれるので冗談を言えるほどの関係性まで築けちゃうわけです。わがままや融通を利かせてくれたりもします。わたしがアメリカの朝ごはんが好きな理由は、もしかしたらレストラン文化が好きだからかもしれない。

レストランでも5年前とは変わったことがありました。普通は支払いがテーブルに来てカードを渡す、店員さんがそれをレジに持っていってカード情報をいれて、それを印刷してテーブルにまた持ってくる。お客はチップと合計額を書く、するとそれをまた店員さんがレジに入力してやっと完了。

でも今は、レジのマシンごとテーブルに持ってくるので、その場でカードを差し込み、直接チップも入力して、合計が出たらサインして終わり。チップは最初から20%の文字が光ってるから、いくらにするか考えたくない人はそのままOKを押すだけ。別の額を入れたければ、操作しなきゃいけなくて面倒くさいので、そのまま20%

を払う人が増えるこのシステムはウェイトレス・ウェイターにはうれしいはず。

Day 6

| SEPTEMBER 6, 2022

じつはしばらくベジタリアンでした

ずっと気になっていたラボで生産された植物由来の培養肉「インポッシブルバーガー」を食べに行きました。

アメリカはベジタリアン・ヴィーガン文化が大きく、スーパーでもベジタリアンのコーナーがちゃんとあります。わたしもアメリカにいるとき、何度もベジタリアンになろうとトライするものの、どうしてもうまく続かなかった過去があったんですが、4年前ある日を境にぱったり肉をやめてベジタリアンになりました。

きっかけは肉好きだった友だちがベジタリアンになったこと。彼の心の変化や移行の仕方などの話を聞いたらわたしできるかもと言う気になって、やってみたらすぐにできてしまったんです。でもコロナで緊急事態宣言が出て家での食事ばかりになってきて、食べ物のレパートリーが減ったことで肉が復活してしまい、今は肉食です。

ベジタリアンを一度経験してからアメリカに戻ってみると、いかにアメリカがベジタリアンの選択がしやすいかがよく見えました。

ちなみにザ・アメリカンフードであるハンバーガーは、だいたいベジタリアンチョイスがあって、インポッシブルもそのひとつ。今

Vegan Burgers

はグーグルマップで「インポッシブル」と入れると、取り扱いのあるレストランがずらりと出てきます。味は加工した肉製品みたいな味。でも肉を食べない生活の中に、たまにこの味が登場するなら十分楽しめるなと思いました。

Day 7

SEPTEMBER 7, 2022

グッバイ、アメリカ

7日目にもなると、もう念のためマスクを持って出かけることもなくなりました。ノーマスク生活が染み付きました。コロナのはじまりはマスクがめんどうだったのに、だんだんマスクが普通になり、つけていないとなんだか変な感じまでしていて「マスクなしに戻れるかな」なんて思っていたけれど、ものすごいスピードで戻れてしまいました。

いつも食料品を買っていた「Trader Joe's」に行ってみました。若い頃はデパートや洋服屋さんに行くとワクワクしていたけれど、いつからか物欲がなくなり、食べ物ばかりにワクワクするようになったわたしにとって「Trader Joe's」はワクワクする場所。

「Trader Joe's」通称トレジョーは、一部飲料水などを除いてトレジョー製品しか売っていません。しかも、なんでもおいしい。「あーこれハマってたな」「新しくなってる！」などと興奮しながらお土産になりそうなものをカゴにポイポイ。

レジでは「明日日本に帰るからお土産なんだ〜」「へ〜、何年振り？」「5年ぶり、日本に5年ぶりじゃなくて、こっちに来たのが5年ぶりだったんだよ」と、日本では絶対しないキャッシャーの知らない人と世間話。たまにめんどくさいときもあるけど、やっぱりアメリカの、この「chit chat」がすごく好き。

　5年ぶりに来て、1週間いたアメリカ。なんだかんだで、あまり変わっていませんでした。日本にどっぷりだったので、カルチャーショックを受けるかもしれないと思っていたけど、結局、かなりシームレスにアメリカに溶け込めました。

　そして、海外旅行に行くと日本食が恋しくなる人がほとんどだけれど、わたしはまったく！　わたしの中のアメリカは消えてなくなってしまったと思ってたけれど、そんなことなかったのは、とてもうれしかったです。

　グッバイ、アメリカ。　アメリカもアメリカですごく好きだよ！また来るね。

「トビタテ！留学JAPAN」を知っていますか？

　高校生のときのカナダへのホームステイからアメリカの大学院までのわたしの経験を書いていますが、いかんせんすごく昔っ！　ビデオデッキで映画を観たり、図書館へ行って進学する学校を調べていた時代ですから、留学に関するリソースも今とはまったくちがいます。

　ということで、今の留学ってどんな感じなのか、そしてどんなプログラムや奨学金があるのか知りたくて、文部科学省「トビタテ！留学JAPAN」広報の西川朋子さんにお話を聞いてみました。

成績関係がないから「行きたい人」集まれ

　「トビタテ！留学JAPAN」は、留学促進キャンペーン。おもな取り組みのひとつとして、グローバル化に対応できる若者がもっと増えてほしい！との思いから、留学する学生さんに民間寄付を100％原資とする、返済不要の奨学金で支援しています。日本の学校に所属

していて、日本国籍または永住権をもつ生徒・学生さんなら基本的に誰でも申し込める国の留学補助制度です（詳細は募集要項を確認ください）。

　わたしが大学で交換留学したときは、成績の基準があったり、留学先が決められていたりしましたが、「トビタテ！」は成績は関係なく誰でも応募ができて、完全に自分で留学計画を立てられて、行き先は学校でも、インターンシップでもボランティアでもいいんです。留学期間が終わったら復学して残りの学年を続ける、もしくは自分の学校と話し合って単位を認めてもらえれば、日本の学校にいたのと同じ扱いで戻ることも可能です。

「行った人」に話を聞いてみた

　実際に「トビタテ！」の奨学金をもらって大学院へ留学した原将太さんにもお話を聞いてみました。わたしの場合は、当時奨学金はとても狭き門だと思っていたので、直接大学院が学費を免除してくれるところを重点に探しましたが、「トビタテ！」の制度を利用す

ると、大学院留学もハードルが少し下がるような気がしました。

というのも、原さんは日本で通っていた大学院を休学して、1年間アメリカ・インディアナ州の名門パデュー大学に機械工学・ドローンの研究のために研究留学されていました。

研究留学をした理由は、日本の大学院の在学が伸びても1年間休学して研究に集中したかったから。

交換留学だと、受講して単位を取ることがメインになりますし、わたしのような正規留学だと準備に時間がかかるということで、「トビタテ！」を利用した自分の研究留学が原さんにぴったりだったんですね。

日本の教授に紹介してもらってパデュー大学へ行くことに。英語に関しては準備をして自信を持って渡米したけれど、入国審査から聞き取れずに英語に苦労したと話されていましたが、1年経ってだいぶ聞き取りもできるようになったそうです。その後、国際学会での発表やディスカッションも問題なくできるようになったと言います。

就職のことをうかがうと、実は留学前に内定をもらっていて、それを辞退して留学を決めたんだそうです。でも帰国後、同じ企業から再内定をいただくことになったとのこと。

やはり就職が決まっていると、留学を諦めてしまう人が多い中、成長して帰ってくればチャンスはさらに大きくなることを原さんが教えてくれたような気がします。

近年は留学者が減る傾向にあり、さらにコロナでガクンと減ってしまったこともあって、逆に今こういった奨学金をゲットできるチャンスなんじゃないかなと思います。

英語力よりも得たもの

西川さんによると、留学を終えて帰ってきた学生から一番よく聞く感想は「好きに生きていいんだって思った」だそうです。

日本はやっぱり「こうすべき、こうしなきゃいけない、みんなもやってるから」などの同調圧力が強いんですよね。なので、学生のうちに海外へ行っておくと、早くこれに気づけるので、学生たちの今後の方向性、人生そのものが変わってくるかもしれません。

文部科学省トビタテ！留学JAPAN
https://tobitate.mext.go.jp/

おわりに

　先日、書店の「英語・英会話」のセクションに行ってみました。するとびっくり。ズラリとものすごい種類の本。これだけ英語の本があふれているということは、英語を学びたい人がそれだけいるっていうことだし、いろんな方法を試しながらみんな英語の勉強をしてるんだなって思いました。

　英会話を教えるすばらしい本はたくさんあるので、それは他のみなさんにおまかせするとして、わたしがこの本で伝えたかったのは「勉強だと思ってがんばらなくてもいいし、完璧じゃなくったって、伝えようという気持ちがあればなんとかなる」ってことです。カタさや、りきみが取れたら、もっと聞けるようになるし、もっと緊張しないで伝えられるようになると思います。

　わたしは何年もアメリカに住んでいたのに、まだたくさんまちがえますし、なんならまちがったまま知らずに使い続けていることだってあります。でも英語に興味を持ったことで、わたしの人生は大きく変わりました。英語がわかると、人、国、文化までより深く理解できます。それで新しい考え方ができたり、視野が広がったり、新しい出会いがあったりすると思うんです。英語はわたしをいろんなところへ連れて行ってくれました。英語は新しい扉を開くためのツールです。みなさんにも上手に使ってほしいと思います。

今回、シアトル時代からの友人のブラウン弥生先生に英語・文化の監修をお願いしました。弥生先生は15歳で単身留学、語学のプロのような方で、最初はアメリカの高校でスペイン語を、それから日本語、そして今は英語を教えています。「わたしたち、なんで無意識にこれを使い分けてるんだろうね？」と、自分たちの英語に対する気づきもたくさんありました。頼もしい監修、ありがとうございました。

　英語って生きているものなので、使い方も時とともに変わっていきます。だから、数年後にはこの本の英語が変わっているかもしれません。英語習得に終わりはありません。こんなに長く勉強しているのに全然完璧にならない！（笑）でも、それも全部ふくめて、英語はたのしい！

　自分に合う方法で、がんばりすぎずに、楽しく英語を続けてほしいです。英語で自分の思いを伝えられたときや、英語のおかげで思いもよらない出会いがあったとき、「英語、話せてよかった！」ってきっと思うはずです。この本が「自分もやってみようかな」と一歩踏みだすキッカケになってくれたらいいなと思います。

This is your life, do what you think is best for you.
Everything will work out in the end, so don't worry, enjoy it!

2023年4月　岩田リョウコ

岩田リョウコ

兵庫県生まれ名古屋育ち。コロラド大学大学院で日本語教育学を学び、2009年から外務省専門調査員として在シアトル総領事館勤務。2012年にアメリカでコーヒーの基本やトリビアなどをわかりやすくイラストで解説するサイト「I LOVE COFFEE」を立ち上げる。わずか2ヶ月でメディアに取り上げられ始め、月間150万ページビューのサイトに成長。2015年にブログが書籍化され、Amazonランキング全米1位のベストセラーに。現在、世界5ヶ国で翻訳出版されている。フィンランドでサウナに出会い、サウナに魅了されて以来、日本とフィンランドでサウナをめぐるようになり、フィンランドとサウナについて『週末フィンランド ちょっと疲れたら一番近いヨーロッパへ』(大和書房)を出版し、好評を得ている。サウナ・スパ健康アドバイザー資格取得。フィンランド観光局公認フィンランド・サウナアンバサダーに任命される。『コーヒーがないと生きていけない!』(大和書房)、『HAVE A GOOD SAUNA!』『ちょっとサウナ行ってきます』(ともにいろは出版)、共著に『エンジョイ!クラフトビール』(KADOKAWA)など著書多数。

直訳やめたら英語が一気にできるようになった私の話

2023年4月7日　第一刷発行

著者	岩田リョウコ	編集協力	株式会社マーベリック
発行者	佐藤靖		(大川朋子・奥山典幸)
発行所	大和書房		嶋屋佐知子
	東京都文京区関口1-33-4		
	電話 03(3203)4511	監修	ブラウン弥生
デザイン	荻原佐織(PASSAGE)	Special Thanks	Adam O. Hill
イラスト・撮影	岩田リョウコ		Saya Brown
編集	藤沢陽子(大和書房)		Scott Murphy
本文印刷	光邦		ギャレス・バーンズ
カバー印刷	歩プロセス		桑原りさ
製本	ナショナル製本		清水みさと
			添田康平